Benedikt XVI.
André Glucksmann
Wael Farouq
Sari Nusseibeh
Robert Spaemann
Joseph Weiler

GOTT, RETTE DIE VERNUNFT!

Die Regensburger Vorlesung des Papstes in der philosophischen Diskussion

SANKT ULRICH VERLAG GmbH

Titel der Originalausgabe: Dio salvi la ragione

Übersetzt von Gabriele Stein

Bibliographische Information der Deutschen Bibliothek

Die Deutsche Bibliothek verzeichnet diese Publikation in der Deutschen Nationalbibliographie; detaillierte bibliographische Daten sind im Internet über http://dnb.ddb.de abrufbar.

Umschlaggestaltung: uv media werbeagentur
Mediengruppe Sankt Ulrich Verlag, Augsburg
Druck und Bindung: Freiburger Graphische Betriebe, Freiburg
Printed in Germany
ISBN: 978-3-86744-055-4
www.sankt-ulrich-verlag.de

INHALT

BRÜCKEN BAUEN

Der Herr nimmt sich meiner an. Herr, deine Huld währt ewig. Laß nicht ab vom Werk deiner Hände! (Ps 138,8)

Die Idee zu dem Band *Dio salvi la ragione* ist nach der Veröffentlichung der *Lectio Magistralis* entstanden, die der Heilige Vater, Papst Benedikt XVI., anläßlich seiner Apostolischen Reise nach München, Altötting und Regensburg vom 9. bis zum 14. September 2006 vor Vertretern der Wissenschaften in der Aula Magna der Universität von Regensburg gehalten hat.

In jener berühmten Vorlesung, die wir im vorliegenden Buch gemeinsam mit den auf dem Gelände der Neuen Messe und auf dem Islinger Feld gehaltenen Predigten erneut veröffentlichen, hebt der Heilige Vater im Zusammenhang mit dem rechten Gebrauch der Vernunft einige grundlegende Aspekte unserer Gegenwartskultur hervor. Immer häufiger zeigt sich nämlich die Tendenz, bei der Erforschung der Vernunft all das außen vor zu lassen, was nicht empirisch und wissenschaftlich beweisbar ist. Damit aber wird das legitime Bestreben eines jeden, auch des ungläubigen Menschen, sich Fragen über Gott zu stellen, zwangsläufig nicht berücksichtigt. Dieses Bestreben läßt sich nicht experimentell nachweisen und wird folglich nicht überprüft; diese Frage hat mit der „reinen Vernunft" des nachaufklärerischen Zeitalters nichts zu tun. Der Glaube ist in einem solchen gedanklichen Rahmen nicht vernünftig. Vor nicht allzu langer Zeit war man dagegen selbst in den skeptischsten Kreisen der Auffassung, daß es unumgänglich sei, sich mit Hilfe der Vernunft Fragen über Gott zu stellen, denn dies nicht zu tun hätte bedeutet, der Vernunft selbst etwas wegzunehmen. Schon immer stellt sich der Mensch die Frage nach dem „Woher" und „Wohin", die Frage nach dem Sinn des Daseins. Die moderne Wissenschaft, die die der Materie innewohnende Rationalität als Grundlage von allem betrachtet und sich der ihr eigenen Meßinstrumente, also der Mathematik und des Empirismus bedient, hält die Fragestellungen der Religion im Hinblick auf die „von der Wissenschaft beschriebene gemeinsame Vernunft" für überflüssig; sie beziehe sich allenfalls auf die persönlichen Überzeugungen jedes einzelnen Menschen – seine subjektive Sphäre und sein Gewissen.

In seiner Regensburger Vorlesung dagegen fordert Benedikt XVI. mit allem Nachdruck, daß „Vernunft und Glaube auf neue Weise zueinanderfinden"; man müsse „die selbstverfügte Beschränkung der Vernunft auf das im Experiment Falsifizierbare überwinden" und der Vernunft wieder ihre ganze Weite erschließen. Das ist der Weg, den es einzuschlagen gilt, damit sich ein wirklicher „Dialog der Kulturen und Religionen" entwickeln kann und den Menschen wieder bewußt wird, daß unsere ganze Zivilisation von jener wunderbaren Errungenschaft des Christentums geprägt ist: der Synthese zwischen dem alttestamentlichen *Logos*-Gott, dem neutestamentlichen *Agape*-Gott und der griechischen „Aufklärung".

Indem wir große Persönlichkeiten der westlichen Kultur und der muslimischen Welt in die Arbeit an diesem Band miteinbezogen haben, sind wir der Einladung des Heiligen Vaters, Papst Benedikts XVI., gefolgt, diesen aufgenommenen Faden geduldig weiterzuspinnen: sich der Vernunft mit neuem Mut in ihrer ganzen Weite zu öffnen und sich rückhaltlos auf ihre Größe einzulassen, damit der Mensch sie wieder uneingeschränkt und klug gebraucht. *Gott, rette die Vernunft!* ist ein kleiner Beitrag, der in vertrauensvoller Liebe und in der Absicht geleistet worden ist, dem gedanklichen Reichtum der während seiner Apostolischen Reise nach Bayern gehaltenen Ansprachen und Predigten vertiefend nachzuspüren.

Damit verbindet sich die Hoffnung, daß sich eine Debatte zwischen Menschen entfalten möge, die sich der Wahrheitssuche zuliebe von bestehenden Schemata und Vorurteilen freimachen. Die Autoren des vorliegenden Buches, die die „Ehre" hatten (so haben sie selbst es formuliert), sich aufmerksam und sorgfältig mit den Worten Papst Benedikts XVI. auseinanderzusetzen, haben den Weg bereitet. Ihnen gilt unser Dank dafür, daß sie unsere Einladung angenommen haben. Und uns trägt das Bewußtsein, daß der Herr, wenn er will, dieses Werk zu Ende bringen wird.

David Cantagalli

GLAUBE, VERNUNFT UND UNIVERSITÄT. ERINNERUNGEN UND REFLEXIONEN*

BENEDIKT XVI.

Es ist für mich ein bewegender Augenblick, noch einmal in der Universität zu sein und noch einmal eine Vorlesung halten zu dürfen. Meine Gedanken gehen dabei zurück in die Jahre, in denen ich an der Universität Bonn nach einer schönen Periode an der Freisinger Hochschule meine Tätigkeit als akademischer Lehrer aufgenommen habe. Es war – 1959 – noch die Zeit der alten Ordinarien-Universität. Für die einzelnen Lehrstühle gab es weder Assistenten noch Schreibkräfte, dafür aber gab es eine sehr unmittelbare Begegnung mit den Studenten und vor allem auch der Professoren untereinander. In den Dozentenräumen traf man sich vor und nach den Vorlesungen. Die Kontakte mit den Historikern, den Philosophen,

* Treffen mit den Vertretern aus dem Bereich der Wissenschaften, Aula Magna der Universität Regensburg, Dienstag, 12. September 2006.

den Philologen und natürlich auch zwischen beiden Theologischen Fakultäten waren sehr lebendig. Es gab jedes Semester einen sogenannten *Dies academicus,* an dem sich Professoren aller Fakultäten den Studenten der gesamten Universität vorstellten und so ein Erleben von *Universitas* möglich wurde – auf das Sie, Magnifizenz, auch gerade hingewiesen haben –, die Erfahrung nämlich, daß wir in allen Spezialisierungen, die uns manchmal sprachlos füreinander machen, doch ein Ganzes bilden und im Ganzen der einen Vernunft mit all ihren Dimensionen arbeiten und so auch in einer gemeinschaftlichen Verantwortung für den rechten Gebrauch der Vernunft stehen – das wurde erlebbar. Die Universität war auch durchaus stolz auf ihre beiden Theologischen Fakultäten. Es war klar, daß auch sie, indem sie nach der Vernunft des Glaubens fragen, eine Arbeit tun, die notwendig zum Ganzen der *Universitas scientiarum* gehört, auch wenn nicht alle den Glauben teilen konnten, um dessen Zuordnung zur gemeinsamen Vernunft sich die Theologen mühen. Dieser innere Zusammenhalt im Kosmos der Vernunft wurde auch nicht gestört, als einmal verlautete, einer der Kollegen habe geäußert, an unserer Universität gebe es etwas Merkwürdiges: zwei Fakultäten, die sich mit etwas befaßten, was es gar nicht gebe – mit Gott. Daß es auch solch radikaler Skepsis gegenüber notwendig und vernünftig bleibt, mit der Vernunft nach Gott zu fragen und es im Zusammenhang der Überlieferung des christlichen Glaubens zu tun, war im Ganzen der Universität unbestritten.

All dies ist mir wieder in den Sinn gekommen, als ich kürzlich den von Professor Theodore Khoury (Münster) herausgegebenen Teil des Dialogs las, den der gelehrte byzantinische Kaiser Manuel II. Palaeologos wohl 1391 im Winterlager zu Ankara mit einem gebildeten Perser über Christentum und Islam und beider Wahrheit führte.[1] Der Kaiser hat vermutlich während der Belagerung von Konstantinopel zwischen 1394 und 1402 den Dialog aufgezeichnet; so versteht man auch, daß seine eigenen Ausführungen sehr viel ausführlicher wiedergegeben sind, als die seines persischen Gesprächspartners.[2] Der Dialog erstreckt sich über den

[1] Von den insgesamt 26 Gesprächsrunden (διάλεξις – Khoury übersetzt „Controverse") des Dialogs („Entretien") hat Th. Khoury die 7. „Controverse" mit Anmerkungen und einer umfassenden Einleitung über die Entstehung des Textes, die handschriftliche Überlieferung und die Struktur des Dialogs sowie kurze Inhaltsangaben über die nicht edierten „Controverses" herausgegeben; dem griechischen Text ist eine französische Übersetzung beigefügt: Manuel II Paléologue, Entretiens avec un Musulman. 7e Controverse. Sources chrétiennes Nr. 115, Paris 1966. Inzwischen hat Karl Förstel im Corpus Islamico-Christianum (Series Graeca. Schriftleitung A.Th. Khoury – R. Glei) eine kommentierte griechisch-deutsche Textausgabe veröffentlicht: Manuel II. Palaiologus, Dialoge mit einem Muslim. 3 Bde. Würzburg-Altenberge 1993–1996. Bereits 1966 hatte E. Trapp den griechischen Text – mit einer Einleitung versehen – als Band II. der Wiener byzantinischen Studien herausgegeben. Ich zitiere im folgenden nach Khoury.

[2] Vgl. über Entstehung und Aufzeichnung des Dialogs Khoury S. 22–29; ausführlich äußern sich dazu auch Förstel und Trapp in ihren Editionen.

ganzen Bereich des von Bibel und Koran umschriebenen Glaubensgefüges und kreist besonders um das Gottes- und das Menschenbild, aber auch immer wieder notwendigerweise um das Verhältnis der, wie man sagte, „drei Gesetze" oder „drei Lebensordnungen": Altes Testament – Neues Testament – Koran. Jetzt, in dieser Vorlesung möchte ich darüber nicht handeln, nur einen – im Aufbau des ganzen Dialogs eher marginalen – Punkt berühren, der mich im Zusammenhang des Themas Glaube und Vernunft fasziniert hat und der mir als Ausgangspunkt für meine Überlegungen zu diesem Thema dient.

In der von Professor Khoury herausgegebenen siebten Gesprächsrunde (διάλεξις – Kontroverse) kommt der Kaiser auf das Thema des *Djihād,* des heiligen Krieges zu sprechen. Der Kaiser wußte sicher, daß in *Sure* 2,256 steht: Kein Zwang in Glaubenssachen – es ist wohl eine der frühen *Suren* aus der Zeit, wie uns ein Teil der Kenner sagt, in der Mohammed selbst noch machtlos und bedroht war. Aber der Kaiser kannte natürlich auch die im Koran niedergelegten – später entstandenen – Bestimmungen über den heiligen Krieg. Ohne sich auf Einzelheiten wie die unterschiedliche Behandlung von „Schriftbesitzern" und „Ungläubigen" einzulassen, wendet er sich in erstaunlich schroffer, für uns unannehmbar schroffer Form ganz einfach mit der zentralen Frage nach dem Verhältnis von Religion und Gewalt überhaupt an seinen Gesprächspartner. Er sagt: „Zeig mir doch, was Mohammed Neues gebracht hat, und da wirst du nur Schlechtes und Inhumanes finden wie dies, daß er vorgeschrieben hat, den Glauben, den er predigte, durch das Schwert zu verbreiten".[3] Der Kaiser begründet, nachdem er so zugeschlagen hat, dann eingehend, warum Glaubensverbreitung durch Gewalt widersinnig ist. Sie steht im Widerspruch zum Wesen Gottes und zum Wesen der Seele. „Gott hat kein Gefallen am Blut", sagt er, „und nicht vernunftgemäß, nicht σὺν λόγω zu handeln, ist dem Wesen Gottes zuwider. Der Glaube ist Frucht der Seele, nicht des Körpers. Wer also jemanden zum Glauben führen will, braucht die Fähigkeit zur guten Rede und ein rechtes Denken, nicht aber Gewalt und Drohung ... Um eine vernünftige Seele zu überzeugen, braucht man nicht seinen Arm, nicht Schlagwerkzeuge noch sonst eines der Mittel, durch die man jemanden mit dem Tod bedrohen kann ...".[4]

[3] Controverse VII 2c; bei KHOURY S. 142/143; FÖRSTEL Bd. I, VII. Dialog 1.5 S. 240/241. Dieses Zitat ist in der muslimischen Welt leider als Ausdruck meiner eigenen Position aufgefaßt worden und hat so begreiflicherweise Empörung hervorgerufen. Ich hoffe, daß der Leser meines Textes sofort erkennen kann, daß dieser Satz nicht meine eigene Haltung dem Koran gegenüber ausdrückt, dem gegenüber ich die Ehrfurcht empfinde, die dem heiligen Buch einer großen Religion gebührt. Bei der Zitation des Texts von Kaiser Manuel II. ging es mir einzig darum, auf den wesentlichen Zusammenhang zwischen Glaube und Vernunft hinzuführen. In diesem Punkt stimme ich Manuel zu, ohne mir deshalb seine Polemik zuzueignen.

[4] Controverse VII 3b – c; bei KHOURY S. 144/145; FÖRSTEL Bd. I, VII. Dialog 1.6 S. 240–243.

Der entscheidende Satz in dieser Argumentation gegen Bekehrung durch Gewalt lautet: Nicht vernunftgemäß handeln ist dem Wesen Gottes zuwider.[5] Der Herausgeber, Theodore Khoury, kommentiert dazu: Für den Kaiser als einen in griechischer Philosophie aufgewachsenen Byzantiner ist dieser Satz evident. Für die moslemische Lehre hingegen ist Gott absolut transzendent. Sein Wille ist an keine unserer Kategorien gebunden und sei es die der Vernünftigkeit.[6] Khoury zitiert dazu eine Arbeit des bekannten französischen Islamologen R. Arnaldez, der darauf hinweist, daß Ibn Hazm so weit gehe zu erklären, daß Gott auch nicht durch sein eigenes Wort gehalten sei und daß nichts ihn dazu verpflichte, uns die Wahrheit zu offenbaren. Wenn er es wollte, müsse der Mensch auch Götzendienst treiben.[7]

An dieser Stelle tut sich ein Scheideweg im Verständnis Gottes und so in der konkreten Verwirklichung von Religion auf, der uns heute ganz unmittelbar herausfordert. Ist es nur griechisch zu glauben, daß ver-

[5] Einzig um dieses Gedankens willen habe ich den zwischen Manuel und seinem persischen Gesprächspartner geführten Dialog zitiert. Er gibt das Thema der folgenden Überlegungen vor.

[6] Khoury, a.a.O. S. 144 Anm. 1.

[7] R. Arnaldez, Grammaire et théologie chez Ibn Hazm de Cordoue. Paris 1956, S. 13; cf. Khoury S. 144. Daß es in der spätmittelalterlichen Theologie vergleichbare Positionen gibt, wird im weiteren Verlauf dieses Vortrags gezeigt.

nunftwidrig zu handeln dem Wesen Gottes zuwider ist, oder gilt das immer und in sich selbst? Ich denke, daß an dieser Stelle der tiefe Einklang zwischen dem, was im besten Sinn griechisch ist, und dem auf der Bibel gründenden Gottesglauben sichtbar wird. Den ersten Vers der Genesis, den ersten Vers der Heiligen Schrift überhaupt abwandelnd, hat Johannes den Prolog seines Evangeliums mit dem Wort eröffnet: Im Anfang war der Logos. Dies ist genau das Wort, das der Kaiser gebraucht: Gott handelt „σὺν λόγω", mit Logos. Logos ist Vernunft und Wort zugleich – eine Vernunft, die schöpferisch ist und sich mitteilen kann, aber eben als Vernunft. Johannes hat uns damit das abschließende Wort des biblischen Gottesbegriffs geschenkt, in dem alle die oft mühsamen und verschlungenen Wege des biblischen Glaubens an ihr Ziel kommen und ihre Synthese finden. Im Anfang war der Logos, und der Logos ist Gott, so sagt uns der Evangelist. Das Zusammentreffen der biblischen Botschaft und des griechischen Denkens war kein Zufall. Die Vision des heiligen Paulus, dem sich die Wege in Asien verschlossen und der nächtens in einem Gesicht einen Mazedonier sah und ihn rufen hörte: Komm herüber und hilf uns (Apg 16,6–10) – diese Vision darf als Verdichtung des von innen her nötigen Aufeinanderzugehens zwischen biblischem Glauben und griechischem Fragen gedeutet werden.

Dabei war dieses Zugehen längst im Gang. Schon der geheimnisvolle Gottesname vom brennenden Dornbusch, der diesen Gott aus den Göttern mit den vielen Namen herausnimmt und von ihm einfach das „Ich bin", das Dasein aussagt, ist eine Bestreitung des Mythos, zu der der sokratische Versuch, den Mythos zu überwinden und zu übersteigen, in einer inneren Analogie steht.[8] Der am Dornbusch begonnene Prozeß kommt im Innern des Alten Testaments zu einer neuen Reife während des Exils, wo nun der landlos und kultlos gewordene Gott Israels sich als den Gott des Himmels und der Erde verkündet und sich mit einer einfachen, das Dornbusch-Wort weiterführenden Formel vorstellt: „Ich bin's." Mit diesem neuen Erkennen Gottes geht eine Art von Aufklärung Hand in Hand, die sich im Spott über die Götter drastisch ausdrückt, die nur Machwerke der Menschen seien (vgl. Ps 115). So geht der biblische Glaube in der hellenistischen Epoche bei aller Schärfe des Gegensatzes zu den hellenistischen Herrschern, die die Angleichung an die griechische Lebensweise und ihren Götterkult erzwingen wollten, dem Besten des griechischen Denkens von innen her entgegen zu einer gegenseitigen Berührung, wie sie sich dann besonders in der späten Weisheits-Literatur vollzogen hat. Heute wissen wir, daß die in Alexandrien entstandene griechische Übersetzung des Alten Testaments – die Sep-

[8] Für die vieldiskutierte Auslegung der Dornbuschszene darf ich auf meine „Einführung in das Christentum" (München 1968) S. 84–102 verweisen. Ich denke, daß das dort Gesagte trotz der weitergegangenen Diskussion nach wie vor sachgemäß ist.

tuaginta – mehr als eine bloße (vielleicht sogar wenig positiv zu beurteilende) Übersetzung des hebräischen Textes, nämlich ein selbständiger Textzeuge und ein eigener wichtiger Schritt der Offenbarungsgeschichte ist, in dem sich diese Begegnung auf eine Weise realisiert hat, die für die Entstehung des Christentums und seine Verbreitung entscheidende Bedeutung gewann.[9] Zutiefst geht es dabei um die Begegnung zwischen Glaube und Vernunft, zwischen rechter Aufklärung und Religion. Manuel II. hat wirklich aus dem inneren Wesen des christlichen Glaubens heraus und zugleich aus dem Wesen des Griechischen, das sich mit dem Glauben verschmolzen hatte, sagen können: Nicht „mit dem Logos" handeln, ist dem Wesen Gottes zuwider.

Hier ist der Redlichkeit halber anzumerken, daß sich im Spätmittelalter Tendenzen der Theologie entwickelt haben, die diese Synthese von Griechischem und Christlichem aufsprengen. Gegenüber dem sogenannten augustinischen und thomistischen Intellektualismus beginnt bei Duns Scotus eine Position des Voluntarismus, die schließlich in den weiteren Entwicklungen dahinführte zu sagen, wir kennten von Gott nur seine *Voluntas ordinata.* Jenseits davon gebe es

[9] Vgl. A. SCHENKER, L'Ecriture sainte subsiste en plusieurs formes canoniques simultanées, in: L'interpretazione della Bibbia nella Chiesa. Atti del Simposio promosso dalla Congregazione per la Dottrina della Fede. Città del Vaticano 2001, S. 178–186.

die Freiheit Gottes, kraft derer er auch das Gegenteil von allem, was er getan hat, hätte machen und tun können. Hier zeichnen sich Positionen ab, die denen von Ibn Hazm durchaus nahekommen können und auf das Bild eines Willkür-Gottes zulaufen könnten, der auch nicht an die Wahrheit und an das Gute gebunden ist. Die Transzendenz und die Andersheit Gottes werden so weit übersteigert, daß auch unsere Vernunft, unser Sinn für das Wahre und Gute kein wirklicher Spiegel Gottes mehr sind, dessen abgründige Möglichkeiten hinter seinen tatsächlichen Entscheiden für uns ewig unzugänglich und verborgen bleiben. Demgegenüber hat der kirchliche Glaube immer daran festgehalten, daß es zwischen Gott und uns, zwischen seinem ewigen Schöpfergeist und unserer geschaffenen Vernunft eine wirkliche Analogie gibt, in der zwar – wie das Vierte Laterankonzil 1215 sagt – die Unähnlichkeiten unendlich größer sind als die Ähnlichkeiten, aber eben doch die Analogie und ihre Sprache nicht aufgehoben werden. Gott wird nicht göttlicher dadurch, daß wir ihn in einen reinen und undurchschaubaren Voluntarismus entrükken, sondern der wahrhaft göttliche Gott ist der Gott, der sich als Logos gezeigt und als Logos liebend für uns gehandelt hat. Gewiß, die Liebe „übersteigt", wie Paulus sagt, die Erkenntnis und vermag daher mehr wahrzunehmen als das bloße Denken (vgl. Eph 3,19), aber sie bleibt doch Liebe des Gottes-Logos, weshalb christlicher Gottesdienst, wie noch einmal Paulus sagt „λογικὴ λατρεία" ist – Gottesdienst, der im Einklang mit dem ewigen Wort und mit unserer Vernunft steht (vgl. Röm 12,1).[10]

Dieses hier angedeutete innere Zugehen aufeinander, das sich zwischen biblischem Glauben und griechischem philosophischem Fragen vollzogen hat, ist ein nicht nur religionsgeschichtlich, sondern weltgeschichtlich entscheidender Vorgang, der uns auch heute in die Pflicht nimmt. Wenn man diese Begegnung sieht, ist es nicht verwunderlich, daß das Christentum trotz seines Ursprungs und wichtiger Entfaltungen im Orient schließlich seine geschichtlich entscheidende Prägung in Europa gefunden hat. Wir können auch umgekehrt sagen: Diese Begegnung, zu der dann noch das Erbe Roms hinzutritt, hat Europa geschaffen und bleibt die Grundlage dessen, was man mit Recht Europa nennen kann.

Der These, daß das kritisch gereinigte griechische Erbe wesentlich zum christlichen Glauben gehört, steht die Forderung nach der Enthellenisierung des Christentums entgegen, die seit dem Beginn der Neuzeit wachsend das theologische Ringen beherrscht. Wenn man näher zusieht, kann man drei Wellen des Enthellenisierungsprogramms beobachten, die zwar miteinander verbunden, aber in ihren Begründungen

[10] Ausführlicher habe ich mich dazu geäußert in meinem Buch „Der Geist der Liturgie. Eine Einführung." Freiburg 2000, S. 38–42.

und Zielen doch deutlich voneinander verschieden sind.[11]

Die Enthellenisierung erscheint zuerst mit den Anliegen der Reformation des 16. Jahrhunderts verknüpft. Die Reformatoren sahen sich angesichts der theologischen Schultradition einer ganz von der Philosophie her bestimmten Systematisierung des Glaubens gegenüber, sozusagen einer Fremdbestimmung des Glaubens durch ein nicht aus ihm kommendes Denken. Der Glaube erschien dabei nicht mehr als lebendiges geschichtliches Wort, sondern eingehaust in ein philosophisches System. Das *Sola Scriptura* sucht demgegenüber die reine Urgestalt des Glaubens, wie er im biblischen Wort ursprünglich da ist. Metaphysik erscheint als eine Vorgabe von anderswoher, von der man den Glauben befreien muß, damit er ganz wieder er selber sein könne. In einer für die Reformatoren nicht vorhersehbaren Radikalität hat Kant mit seiner Aussage, er habe das Denken beiseite schaffen müssen, um dem Glauben Platz zu machen, aus diesem Programm heraus gehandelt. Er hat dabei den Glauben ausschließlich in der praktischen Vernunft verankert und ihm den Zugang zum Ganzen der Wirklichkeit abgesprochen.

[11] Aus der umfänglichen Literatur zum Thema Enthellenisierung möchte ich besonders nennen A. GRILLMEIER, Hellenisierung – Judaisierung des Christentums als Deuteprinzipien der Geschichte des kirchlichen Dogmas, in: DERS., Mit ihm und in ihm. Christologische Forschungen und Perspektiven. Freiburg 1975, S. 423–488.

Die liberale Theologie des 19. und 20. Jahrhunderts brachte eine zweite Welle im Programm der Enthellenisierung mit sich, für die Adolf von Harnack als herausragender Repräsentant steht. In der Zeit, als ich studierte, wie in den frühen Jahren meines akademischen Wirkens war dieses Programm auch in der katholischen Theologie kräftig am Werk. Pascals Unterscheidung zwischen dem Gott der Philosophen und dem Gott Abrahams, Isaaks und Jakobs diente als Ausgangspunkt dafür. In meiner Bonner Antrittsvorlesung von 1959 habe ich mich damit auseinanderzusetzen versucht,[12] und möchte dies alles hier nicht neu aufnehmen. Wohl aber möchte ich wenigstens in aller Kürze versuchen, das unterscheidend Neue dieser zweiten Enthellenisierungswelle gegenüber der ersten herauszustellen. Als Kerngedanke erscheint bei Harnack die Rückkehr zum einfachen Menschen Jesus und zu seiner einfachen Botschaft, die allen Theologisierungen und eben auch Hellenisierungen voraus liege: Diese einfache Botschaft stelle die wirkliche Höhe der religiösen Entwicklung der Menschheit dar. Jesus habe den Kult zugunsten der Moral verabschiedet. Er wird im letzten als Vater einer men-

[12] Neu herausgegeben und kommentiert von Heino Sonnemans (Hrsg.): Joseph Ratzinger – Benedikt XVI., Der Gott des Glaubens und der Gott der Philosophen. Ein Beitrag zum Problem der theologia naturalis. Johannes-Verlag Leutesdorf, 2. ergänzte Auflage 2005.

schenfreundlichen moralischen Botschaft dargestellt. Dabei geht es Harnack im Grunde darum, das Christentum wieder mit der modernen Vernunft in Einklang zu bringen, eben indem man es von scheinbar philosophischen und theologischen Elementen wie etwa dem Glauben an die Gottheit Christi und die Dreieinheit Gottes befreie. Insofern ordnet die historisch-kritische Auslegung des Neuen Testaments, wie er sie sah, die Theologie wieder neu in den Kosmos der Universität ein: Theologie ist für Harnack wesentlich historisch und so streng wissenschaftlich. Was sie auf dem Weg der Kritik über Jesus ermittelt, ist sozusagen Ausdruck der praktischen Vernunft und damit auch im Ganzen der Universität vertretbar. Im Hintergrund steht die neuzeitliche Selbstbeschränkung der Vernunft, wie sie in Kants Kritiken klassischen Ausdruck gefunden hatte, inzwischen aber vom naturwissenschaftlichen Denken weiter radikalisiert wurde. Diese moderne Auffassung der Vernunft beruht auf einer durch den technischen Erfolg bestätigten Synthese zwischen Platonismus (Cartesianismus) und Empirismus, um es verkürzt zu sagen. Auf der einen Seite wird die mathematische Struktur der Materie, sozusagen ihre innere Rationalität vorausgesetzt, die es möglich macht, sie in ihrer Wirkform zu verstehen und zu gebrauchen: Diese Grundvoraussetzung ist sozusagen das platonische Element im modernen Naturverständnis. Auf der anderen Seite geht es um die Funktionalisierbarkeit der Natur für unsere Zwecke, wobei die Möglichkeit der Verifizierung oder

Falsifizierung im Experiment erst die entscheidende Gewißheit liefert. Das Gewicht zwischen den beiden Polen kann je nachdem mehr auf der einen oder der anderen Seite liegen. Ein so streng positivistischer Denker wie J. Monod hat sich als überzeugten Platoniker bezeichnet.

Dies bringt zwei für unsere Frage entscheidende Grundorientierungen mit sich. Nur die im Zusammenspiel von Mathematik und Empirie sich ergebende Form von Gewißheit gestattet es, von Wissenschaftlichkeit zu sprechen. Was Wissenschaft sein will, muß sich diesem Maßstab stellen. So versuchten dann auch die auf die menschlichen Dinge bezogenen Wissenschaften wie Geschichte, Psychologie, Soziologie, Philosophie, sich diesem Kanon von Wissenschaftlichkeit anzunähern. Wichtig für unsere Überlegungen ist aber noch, daß die Methode als solche die Gottesfrage ausschließt und sie als unwissenschaftliche oder vorwissenschaftliche Frage erscheinen läßt. Damit aber stehen wir vor einer Verkürzung des Radius von Wissenschaft und Vernunft, die in Frage gestellt werden muß.

Darauf werde ich zurückkommen. Einstweilen bleibt festzustellen, daß bei einem von dieser Sichtweise her bestimmten Versuch, Theologie „wissenschaftlich" zu erhalten, vom Christentum nur ein armseliges Fragmentstück übrigbleibt. Aber wir müssen mehr sagen: Wenn dies allein die ganze Wissenschaft ist, dann wird der Mensch selbst dabei verkürzt. Denn die eigentlich menschlichen Fragen, die nach unserem Woher und Wohin, die Fragen der Religion und des Ethos können dann nicht im Raum der gemeinsamen, von der so verstandenen „Wissenschaft" umschriebenen Vernunft Platz finden und müssen ins Subjektive verlegt werden. Das Subjekt entscheidet mit seinen Erfahrungen, was ihm religiös tragbar erscheint, und das subjektive „Gewissen" wird zur letztlich einzigen ethischen Instanz. So aber verlieren Ethos und Religion ihre gemeinschaftsbildende Kraft und verfallen der Beliebigkeit. Dieser Zustand ist für die Menschheit gefährlich: Wir sehen es an den uns bedrohenden Pathologien der Religion und der Vernunft, die notwendig ausbrechen müssen, wo die Vernunft so verengt wird, daß ihr die Fragen der Religion und des Ethos nicht mehr zugehören. Was an ethischen Versuchen von den Regeln der Evolution oder von Psychologie und Soziologie her bleibt, reicht einfach nicht aus.

Bevor ich zu den Schlußfolgerungen komme, auf die ich mit alledem hinaus will, muß ich noch kurz die dritte Enthellenisierungswelle andeuten, die zur Zeit umgeht. Angesichts der Begegnung mit der Vielheit der Kulturen sagt man heute gern, die Synthese mit dem Griechentum, die sich in der alten Kirche vollzogen habe, sei eine erste Inkulturation des Christlichen gewesen, auf die man die anderen Kulturen nicht festlegen dürfe. Ihr Recht müsse es sein, hinter diese Inkulturation zurückzugehen auf die einfache Botschaft des Neuen Testaments, um sie in ihren Räumen jeweils neu zu inkulturieren. Diese These ist nicht einfach falsch, aber doch vergröbert und ungenau. Denn das Neue Testament ist griechisch geschrieben und trägt in sich selber die Berührung mit dem griechischen Geist, die in der vorangegangenen Entwicklung des Alten Testaments gereift war. Gewiß gibt es Schichten im Werdeprozeß der alten Kirche, die nicht in alle Kulturen eingehen müssen. Aber die Grundentscheidungen, die eben den Zusammenhang des Glaubens mit dem Suchen der menschlichen Vernunft betreffen, die gehören zu diesem Glauben selbst und sind seine ihm gemäße Entfaltung.

Damit komme ich zum Schluß. Die eben in ganz groben Zügen versuchte Selbstkritik der modernen Vernunft schließt ganz und gar nicht die Auffassung ein, man müsse nun wieder hinter die Aufklärung zurückgehen und die Einsichten der Moderne verabschieden. Das Große der modernen Geistesentwicklung wird ungeschmälert anerkannt: Wir alle sind dankbar für die großen Möglichkeiten, die sie dem Menschen erschlossen hat und für die Fortschritte an Menschlichkeit, die uns geschenkt wurden. Das Ethos der Wissenschaftlichkeit – Sie haben es angedeutet, Magnifizenz – ist im übrigen Wille zum Gehorsam gegenüber der Wahrheit und insofern Ausdruck einer Grundhaltung, die zu den wesentlichen Entscheiden des Christlichen gehört. Nicht Rücknahme, nicht negative Kritik ist gemeint, sondern um Ausweitung unseres Vernunftbegriffs und -gebrauchs geht es. Denn bei aller Freude über die neuen Möglichkeiten des Menschen sehen wir auch die Bedrohungen, die aus diesen Möglichkeiten aufsteigen, und müssen uns fragen, wie wir ihrer Herr werden können. Wir können es nur, wenn Vernunft und Glaube auf neue Weise zueinanderfinden; wenn wir die selbstverfügte Beschränkung der Vernunft auf das im Experiment Falsifizierbare überwinden und der Vernunft ihre ganze Weite wieder eröffnen. In diesem Sinn gehört Theologie nicht nur als historische und humanwissenschaftliche Disziplin, sondern als eigentliche Theologie, als Frage nach der Vernunft des Glaubens an die Universität und in ihren weiten Dialog der Wissenschaften hinein.

Nur so werden wir auch zum wirklichen Dialog der Kulturen und Religionen fähig, dessen wir so dringend bedürfen. In der westlichen Welt herrscht weithin die Meinung, allein die positivistische Vernunft und die ihr zugehörigen Formen der Philosophie seien universal. Aber von den tief religiösen Kulturen der Welt wird gerade dieser Ausschluß des Göttlichen aus der Universalität der Vernunft als Verstoß gegen ihre innersten Überzeugungen angesehen. Eine Vernunft, die dem Göttlichen gegenüber taub ist und Religion in den Bereich der Subkulturen abdrängt, ist unfähig zum Dialog der Kulturen. Dabei trägt, wie ich zu zeigen versuchte, die moderne naturwissenschaftliche Vernunft mit dem ihr innewohnenden platonischen Element eine Frage in sich, die über sie und ihre methodischen Möglichkeiten hinausweist. Sie selber muß die rationale Struktur der Materie wie die Korrespondenz zwischen unserem Geist und den in der Natur waltenden rationalen Strukturen ganz einfach als Gegebenheit annehmen, auf der ihr methodischer Weg beruht. Aber die Frage, warum dies so ist, die besteht doch und muß von der Naturwissenschaft weitergegeben werden an andere Ebenen und Weisen des Denkens – an Philosophie und Theologie. Für die Philosophie und in anderer Weise für die Theologie ist das Hören auf die großen Erfahrungen und Einsichten der religiösen Traditionen der Menschheit, besonders aber des christlichen Glaubens, eine Erkenntnisquelle, der sich zu verweigern eine unzulässige Verengung unseres Hörens und Antwortens wäre. Mir kommt da ein Wort des Sokrates an Phaidon in den Sinn. In den vorangehenden Gesprächen hatte man viele falsche philosophische Meinungen berührt, und nun sagt Sokrates: Es wäre wohl zu verstehen, wenn einer aus Ärger über so viel Falsches sein übriges Leben lang alle Reden über das Sein haßte und schmähte. Aber auf diese Weise würde er der Wahrheit des Seienden verlustig gehen und einen sehr großen Schaden erleiden.[13] Der Westen ist seit langem von dieser Abneigung gegen die grundlegenden Fragen seiner Vernunft bedroht und könnte damit einen großen Schaden erleiden. Mut zur Weite der Vernunft, nicht Absage an ihre Größe – das ist das Programm, mit dem eine dem biblischen Glau-

[13] 90 c – d. Vgl. zu diesem Text R. GUARDINI, Der Tod des Sokrates. Mainz-Paderborn, 5. Auflage 1987, S. 218–221.

ben verpflichtete Theologie in den Disput der Gegenwart eintritt. „Nicht vernunftgemäß, nicht mit dem Logos handeln ist dem Wesen Gottes zuwider", hat Manuel II. von seinem christlichen Gottesbild her zu seinem persischen Gesprächspartner gesagt. In diesen großen Logos, in diese Weite der Vernunft laden wir beim Dialog der Kulturen unsere Gesprächspartner ein. Sie selber immer wieder zu finden, ist die große Aufgabe der Universität.

DIE WELT BRAUCHT GOTT*

BENEDIKT XVI.

Zunächst möchte ich Euch alle noch einmal ganz herzlich begrüßen: Ich freue mich – und durfte es schon sagen –, daß ich wieder einmal bei Euch sein darf, mit Euch Gottesdienst feiern darf; daß ich noch einmal die vertrauten Stätten besuchen kann, die mein Leben geprägt, mein Denken und Fühlen geformt haben; die Orte, an denen ich glauben und leben gelernt habe. Es ist eine Gelegenheit, all den vielen Lebenden und Verstorbenen zu danken, die mich geführt haben und die mich begleitet haben. Ich danke Gott für diese schöne Heimat und für die Menschen, die sie mir zur Heimat gemacht haben.

Wir haben eben die drei Lesungen gehört, die die Liturgie der Kirche für diesen Sonntag ausgewählt hat. Alle drei sind von einem doppelten Thema bestimmt, von dem sie je nachdem die eine oder andere Seite mehr betonen, das aber letztlich doch ein

* Predigt in der heiligen Messe auf dem Gelände der Neuen Messe München, Sonntag, 10. September 2006.

einziges Thema bleibt. Alle drei Lesungen sprechen von Gott als Zentrum der Wirklichkeit und als Zentrum unseres eigenen Lebens. „Seht, Gott ist da!" ruft der Prophet Jesaja uns in der ersten Lesung zu (35,4). Der Jakobusbrief und das Evangelium sagen auf ihre Weise dasselbe. Sie wollen uns zu Gott hinführen und uns so auf den richtigen Weg des Lebens bringen. Mit dem Thema Gott ist aber das soziale Thema, unsere Verantwortung füreinander, für die Herrschaft von Gerechtigkeit und Liebe in der Welt verbunden. Dramatisch wird das in der Lesung zu Worte gebracht, in der Jakobus, ein naher Verwandter Jesu, zu uns spricht. Er redet zu einer Gemeinde, in der man anfängt, stolz zu sein, wenn es da auch reiche und vornehme Leute gibt, während die Sorge um das Recht für die Armen zu verkümmern droht. Jakobus läßt in seinen Worten das Bild Jesu durchscheinen, des Gottes, der Mensch wurde und obgleich davidischer, also königlicher Herkunft, ein Einfacher unter den Einfachen wurde, sich auf keinen Thron setzte, sondern am Ende in der letzten Armut des Kreuzes starb. Die Nächstenliebe, die zuallererst Sorge um die Gerechtigkeit ist, ist der Prüfstein des Glaubens und der Gottesliebe. Jakobus nennt sie das „königliche Gesetz". Er läßt darin das Lieblingswort Jesu durchblicken: das Königtum Gottes, die Herrschaft Gottes. Damit ist nicht irgendein Reich gemeint, das irgendwann einmal kommt, sondern damit ist gemeint, daß Gott jetzt bestimmend werden muß für unser Leben und Handeln. Darum bitten wir, wenn wir sagen: Dein Reich komme; wir beten nicht um irgend etwas Entferntes, das wir selber eigentlich gar nicht zu erleben wünschen. Wir beten vielmehr darum, daß jetzt Gottes Wille unseren Willen bestimme und so Gott in der Welt herrsche; also darum beten wir, daß Recht und Liebe entscheidend werden in der Ordnung der Welt. Eine solche Bitte richtet sich natürlich zuerst an Gott, aber sie rüttelt auch an unser eigenes Herz. Wollen wir das eigentlich? Leben wir in dieser Richtung? Jakobus nennt das „königliche Gesetz", das Gesetz von Gottes Königtum, zugleich Gesetz der Freiheit: Wenn alle von Gott her denken und leben, dann werden wir gleich, und dann werden wir frei, und dann entsteht die wahre Geschwisterlichkeit. Wenn Jesaja in der ersten Lesung von Gott spricht – „Gott ist da!" –, dann redet er zugleich vom Heil für die Leidenden, und wenn Jakobus von der sozialen Ordnung als dringlichem Ausdruck unseres Glaubens spricht, dann redet er ganz selbstverständlich von Gott, dessen Kinder wir sind.

Aber jetzt müssen wir uns dem Evangelium zuwenden, das von der Heilung eines Taubstummen durch Jesus spricht. Auch da sind wieder die beiden Seiten des einen Themas da. Jesus wendet sich den Leidenden zu, denen, die an den Rand der Gesellschaft gedrängt sind. Er heilt sie und führt sie so in die Möglichkeit des Mitlebens und des Mitentscheidens, in die Gleichheit und Brüderlichkeit ein. Das geht natürlich uns alle an: Jesus zeigt uns allen die Richtung unseres Tuns, die Richtung, wie wir handeln sollen. Der ganze Vorgang hat aber noch eine andere Dimension, auf die die Kirchenväter in ihren Auslegungen mit Nachdruck hingewiesen haben und die auch uns heute in hohem Maße angeht. Die Väter sprechen von den Menschen und zu den Menschen ihrer Zeit. Aber was sie sagen, geht auf neue Weise auch uns heute an. Es gibt nicht nur die physische Gehörlosigkeit, die den Menschen weitgehend vom sozialen Leben abschneidet. Es gibt eine Schwerhörigkeit Gott gegenüber, an der wir gerade in dieser Zeit leiden. Wir können ihn einfach nicht mehr hören – zu viele andere Frequenzen haben wir im Ohr. Was über ihn gesagt wird, erscheint vorwissenschaftlich, nicht mehr in unsere Zeit hereinpassend. Mit der Schwerhörigkeit oder gar Taubheit Gott gegenüber verliert sich natürlich auch unsere Fähigkeit, mit ihm und zu ihm zu sprechen. Auf diese Weise aber fehlt uns eine entscheidende Wahrnehmung. Unsere inneren Sinne drohen abzusterben. Mit diesem Verlust an Wahrnehmung wird der Radius unserer Beziehung zur Wirklichkeit überhaupt drastisch und gefährlich eingeschränkt. Der Raum unseres Lebens wird in bedrohlicher Weise reduziert.

Das Evangelium erzählt uns, daß Jesus seine Finger in die Ohren des Tauben legte, etwas von seinem Speichel auf seine Zunge gab und sagte: *Ephata* – tu dich auf. Der Evangelist hat uns das original aramäische Wort aufbewahrt, das Jesus gesprochen hat, und führt uns so direkt in jenen Augenblick hinein. Was da erzählt wird, ist einmalig und gehört doch nicht einer fernen Vergangenheit an: Jesus tut dasselbe auf neue Weise auch heute und immer wieder. In unserer Taufe hat Jesus an uns diese Geste des Berührens vollzogen und gesagt: „*Ephata* – tu dich auf!", um uns hörfähig zu machen für Gott und so auch wieder das Sprechenkönnen zu Gott zu schenken. Aber dieser Vorgang, das Sakrament der Taufe, hat nichts Magisches an sich. Die Taufe eröffnet einen Weg. Sie führt uns ein in die Gemeinschaft der Hörenden und Redenden – in die Gemeinschaft mit Jesus selber, der als einziger Gott gesehen hat und deshalb von ihm erzählen konnte (vgl. Joh 1,18): Durch den Glauben will er uns an seinem Sehen Gottes, an seinem Hören und Reden mit dem Vater beteiligen. Der Weg des Getauftseins muß ein Prozeß des Wachstums werden, in dem wir in das Leben mit Gott hineinwachsen und so auch einen anderen Blick auf den Menschen und auf die Schöpfung gewinnen.

Das Evangelium lädt uns ein, wieder zu erkennen, daß es bei uns ein Defizit in unserer Wahrnehmungsfähigkeit gibt – einen Mangel, den wir zunächst gar nicht als solchen spüren, weil ja alles andere sich durch seine Dringlichkeit und Einsichtigkeit empfiehlt; weil ja scheinbar alles normal weitergeht, auch wenn wir keine Ohren und Augen mehr für Gott haben und ohne ihn leben. Aber geht es wirklich einfach so weiter, wenn Gott in unserem Leben, in unserer Welt ausfällt? Bevor wir da weiterfragen, möchte ich ein wenig aus meinen Erfahrungen in der Begegnung mit den Bischöfen der Welt erzählen. Die katholische Kirche in Deutschland ist großartig durch ihre sozialen Aktivitäten, durch die Bereitschaft zu helfen, wo immer es not tut. Immer wieder erzählen mir die Bischöfe, zuletzt aus Afrika, bei ihren *Ad-Limina*-Besuchen dankbar von der Großherzigkeit der deutschen Katholiken und beauftragen mich, diesen Dank weiterzugeben, was ich hiermit einmal öffentlich tun möchte. Auch die Bischöfe aus den baltischen Ländern, die vor den Ferien da waren, haben mir berichtet, wie großartig ihnen deutsche Katholiken beim Wiederaufbau ihrer durch Jahrzehnte kommunistischer Herrschaft schlimm zerstörten Kirchen halfen. Dann und wann aber sagt ein afrikanischer Bischof zu mir: „Wenn ich in Deutschland soziale Projekte vorlege, finde ich sofort offene Türen. Aber wenn ich mit einem Evangelisierungsprojekt komme, stoße ich eher auf Zurückhaltung." Offenbar herrscht da bei manchen die Meinung, die sozialen Projekte müsse man mit höchster Dringlichkeit voranbringen; die Dinge mit Gott oder gar mit dem katholischen Glauben seien doch eher partikulär und nicht so vordringlich. Und doch ist es gerade die Erfahrung dieser Bischöfe, daß die Evangelisierung vorausgehen muß; daß der Gott Jesu Christi bekannt, geglaubt, geliebt werden, die Herzen umkehren muß, damit auch die sozialen Dinge vorangehen; damit Versöhnung werde; damit zum Beispiel Aids wirklich von den tiefen Ursachen her bekämpft und die Kranken mit der nötigen Zuwendung und Liebe gepflegt werden können. Das Soziale und das Evangelium sind einfach nicht zu trennen. Wo wir den Menschen nur Kenntnisse bringen, Fertigkeiten, technisches Können und Gerät, bringen wir zu wenig. Dann treten die Techniken der Gewalt ganz schnell in den Vordergrund, und die Fähigkeit zum Zerstören, zum Töten wird zur obersten Fähigkeit, zur Fähigkeit, um Macht zu erlangen, die dann irgendwann einmal das Recht bringen soll und es doch nicht bringen kann: Man geht so nur immer weiter fort von der Versöhnung, vom gemeinsamen Einsatz für die Gerechtigkeit und die Liebe. Die Maßstäbe, nach denen Technik in den Dienst des Rechts und der Liebe tritt, gehen dann verloren, aber auf diese Maßstäbe kommt alles an: Maßstäbe, die nicht nur Theorien sind, sondern das Herz erleuchten und so den Verstand und das Tun auf den rechten Weg bringen.

Die Völker Afrikas und Asiens bewundern zwar die technischen Leistungen des Westens und unsere Wissenschaft, aber sie erschrecken vor einer Art von Vernünftigkeit, die Gott total aus dem Blickfeld des Menschen ausgrenzt und dies für die höchste Art von Vernunft ansieht, die man auch ihren Kulturen beibringen will. Nicht im christlichen Glauben sehen sie die eigentliche Bedrohung ihrer Identität, sondern in der Verachtung Gottes und in dem Zynismus, der die Verspottung des Heiligen als Freiheitsrecht ansieht und Nutzen für zukünftige Erfolge der Forschung zum letzten Maßstab erhebt. Liebe Freunde! Dieser Zynismus ist nicht die Art von Toleranz und von kultureller Offenheit, auf die die Völker warten und die wir alle wünschen. Die Toleranz, die wir dringend brauchen, schließt die Ehrfurcht vor Gott ein – die Ehrfurcht vor dem, was dem anderen heilig ist. Diese Ehrfurcht vor dem Heiligen der anderen setzt aber wiederum voraus, daß wir selbst die Ehrfurcht vor Gott wieder lernen. Diese Ehrfurcht kann in der westlichen Welt nur dann regeneriert werden, wenn der Glaube an Gott wieder wächst, wenn Gott für uns und in uns wieder gegenwärtig wird.

Wir drängen unseren Glauben niemandem auf: Diese Art von Proselytismus ist dem Christlichen zuwider. Der Glaube kann nur in Freiheit geschehen. Aber die Freiheit der Menschen, die rufen wir an, sich für Gott aufzutun; ihn zu suchen; ihm Gehör zu schenken. Wir, die wir hier sind, bitten den Herrn von ganzem Herzen, daß er wieder sein *Ephata* zu uns sagt; daß er unsere Schwerhörigkeit für Gott, für sein Wirken und sein Wort, heilt und uns sehend und hörend macht. Wir bitten ihn, daß er uns hilft, wieder das Wort des Gebetes zu finden, zu dem er uns in der Liturgie einlädt und dessen ABC er uns im Vaterunser gelehrt hat.

Die Welt braucht Gott. Wir brauchen Gott. Welchen Gott brauchen wir? In der ersten Lesung sagt der Prophet zu einem unterdrückten Volk: „Die Rache Gottes wird kommen" (vgl. 35,4). Wir können uns gut ausdenken, wie die Menschen sich das vorgestellt haben. Aber der Prophet selber sagt dann, worin diese Rache besteht, nämlich in der heilenden Güte Gottes. Und die endgültige Auslegung des Prophetenwortes finden wir in dem, der für uns am Kreuz gestorben ist – in Jesus, dem menschgewordenen Sohn Gottes, der uns hier so eindringlich anschaut. Seine „Rache“ ist das Kreuz: das Nein zur Gewalt, die „Liebe bis zum Ende“. Diesen Gott brauchen wir. Wir verletzen nicht den Respekt vor anderen Religionen und Kulturen, wir verletzen nicht die Ehrfurcht vor ihrem Glauben, wenn wir uns laut und eindeutig zu dem Gott bekennen, der der Gewalt sein Leiden entgegengestellt hat; der dem Bösen und seiner Macht gegenüber als Grenze und Überwindung sein Erbarmen aufrichtet. Ihn bitten wir, daß er unter uns sei und daß er uns helfe, ihm glaubwürdige Zeugen zu sein. Amen.

DER GLAUBE IST EINFACH*

BENEDIKT XVI.

Wer glaubt, ist nie allein." Laßt mich noch einmal das Leitwort dieser Tage aufnehmen und die Freude darüber ausdrücken, daß wir es hier sehen dürfen: Der Glaube führt uns zusammen und schenkt uns ein Fest. Er schenkt uns die Freude an Gott, an der Schöpfung, am Miteinandersein. Ich weiß, daß diesem Fest viel Mühe und Arbeit vorangegangen ist. Durch die Berichte der Zeitungen habe ich ein wenig verfolgen können, wie viele Menschen ihre Zeit und ihre Kraft eingesetzt haben, damit dieser Platz so würdig bereitet wurde; daß das Kreuz auf dem Hügel hier steht als Gottes Friedenszeichen in dieser Welt; daß Zufahrt und Abfahrt, Sicherheit und Ordnung gewährleistet sind; daß Quartiere bereitstehen und so fort. Ich hatte mir gar nicht vorstellen können und weiß es auch jetzt nur im großen allgemeinen, wieviel

* Predigt in der heiligen Messe auf dem Islinger Feld bei Regensburg, Dienstag, 12. September 2006.

Kleinarbeit dazu gehörte, daß wir alle jetzt so beieinander sein können. Für all das kann ich nur einfach ein ganz herzliches Vergelt's Gott sagen. Möge der Herr Euch all das lohnen, und möge die Freude auf jeden einzelnen 100fach zurückfallen, die wir dank Eurer Vorarbeit hier empfangen dürfen. Es ist mir zu Herzen gegangen, wie viele Menschen, besonders aus den Berufsschulen Weiden und Amberg, Firmen und einzelne, Männer und Frauen, zusammengearbeitet haben, um auch mein kleines Haus und meinen Garten schön zu machen. Auch da kann ich nur ganz beschämt Vergelt's Gott sagen ob all dieser Mühe. Ihr habt das alles nicht für einen einzelnen, für meine armselige Person getan; Ihr habt es im letzten in der Solidarität des Glaubens getan, Euch von der Liebe zu Christus und zur Kirche leiten lassen: All dies ist ein Zeichen wahrer Menschlichkeit, die aus dem Berührtsein durch Jesus Christus wächst.

Zu einem Fest des Glaubens haben wir uns versammelt. Aber da steigt nun doch die Frage auf: Was glauben wir denn da eigentlich? Was ist das überhaupt, Glaube? Kann es das eigentlich noch geben in der modernen Welt? Wenn man die großen Summen der Theologie ansieht, die im Mittelalter geschrieben wurden, oder an die Menge der Bücher denkt, die jeden Tag für und gegen den Glauben verfaßt werden, möchte man wohl verzagen und denken, das sei alles viel zu kompliziert. Vor lauter Bäumen sieht man am Ende den Wald nicht mehr. Und es ist wahr: Die Vision des Glaubens umfaßt Himmel und Erde; Vergangenheit, Gegenwart, Zukunft, die Ewigkeit und ist darum nie ganz auszuschöpfen. Und doch ist sie in ihrem Kern ganz einfach. Der Herr selber hat ja zum Vater darüber gesagt: „Den Einfachen hast du es offenbaren wollen – denen, die mit dem Herzen sehen können" (vgl. Mt 11,25). Die Kirche bietet uns ihrerseits eine ganz kleine Summe an, in der alles Wesentliche gesagt ist: das sogenannte Apostolische Glaubensbekenntnis. Es wird gewöhnlich in zwölf Artikel eingeteilt – nach der Zahl der zwölf Apostel – und handelt von Gott, dem Schöpfer und Anfang aller Dinge, von Christus und seinem Heilswerk bis hin zur Auferstehung der Toten und zum ewigen Leben. Aber in seiner Grundkonzeption besteht das Bekenntnis nur aus drei Hauptstücken, und es ist von seiner Geschichte her nichts anderes als eine Erweiterung der Taufformel, die der auferstandene Herr selber den Jüngern für alle Zeiten übergeben hat, als er ihnen sagte: „Geht hin, lehrt die Völker und tauft sie auf den Namen des Vaters, des Sohnes und des Heiligen Geistes" (vgl. Mt 28,19).

Wenn wir das sehen, zeigt sich zweierlei: Der Glaube ist einfach. Wir glauben an Gott – an Gott, den Ursprung und das Ziel menschlichen Lebens. An den Gott, der sich auf uns Menschen einläßt, der unsere Herkunft und unsere Zukunft ist. So ist Glaube immer zugleich Hoffnung, Gewißheit, daß wir Zukunft haben und daß wir nicht ins Leere fallen. Und der Glaube ist Liebe, weil Gottes Liebe uns anstecken möchte. Das ist das Erste: Wir glauben einfach an Gott, und das bringt mit sich auch die Hoffnung und die Liebe.

Als zweites können wir feststellen: Das Glaubensbekenntnis ist nicht eine Summe von Sätzen, nicht eine Theorie. Es ist ja verankert im Geschehen der Taufe – in einem Ereignis der Begegnung von Gott und Mensch. Gott beugt sich über uns Menschen im Geheimnis der Taufe; er geht uns entgegen und führt uns so zueinander. Denn Taufe bedeutet, daß Jesus Christus uns sozusagen als seine Geschwister und damit als Kinder in die Familie hinein adoptiert. So macht er uns damit alle zu einer großen Familie in der weltweiten Gemeinschaft der Kirche. Ja, wer glaubt, ist nie allein. Gott geht auf uns zu. Gehen auch wir Gott entgegen, dann gehen wir aufeinander zu! Lassen wir keines der Kinder Gottes allein, so weit es in unseren Kräften steht!

Wir glauben an Gott. Das ist unser Grundentscheid. Aber nun noch einmal die Frage: Kann man das heute noch? Ist das vernünftig? Seit der Aufklärung arbeitet wenigstens ein Teil der Wissenschaft emsig daran, eine Welterklärung zu finden, in der Gott überflüssig wird. Und so soll er auch für unser Leben überflüssig werden. Aber sooft man auch meinen konnte, man sei nahe daran, es geschafft zu haben – immer wieder zeigt sich: Das geht nicht auf. Die Sache mit dem Menschen geht nicht auf ohne Gott, und die Sache mit der Welt, dem ganzen Universum, geht nicht auf ohne ihn. Letztlich kommt es auf die Alternative hinaus: Was steht am Anfang: die schöpferische Vernunft, der Schöpfergeist, der alles wirkt und sich entfalten läßt, oder das Unvernünftige, das vernunftlos sonderbarerweise einen mathematisch geordneten Kosmos hervorbringt und auch den Menschen, seine Vernunft. Aber die wäre dann nur ein Zufall der Evolution und im letzten also doch auch etwas Unvernünftiges. Wir Christen sagen: Ich glaube an Gott, den Schöpfer des Himmels und der Erde – an den Schöpfer Geist. Wir glauben, daß das ewige Wort, die Vernunft am Anfang steht, und nicht die Unvernunft. Mit diesem Glauben brauchen wir uns nicht zu verstecken, mit ihm brauchen wir nicht zu fürchten, uns auf einem Holzweg zu befinden. Freuen wir uns, daß wir Gott kennen dürfen, und versuchen wir, auch anderen die Vernunft des Glaubens zugänglich zu machen, wie es der heilige Petrus den Christen seiner Zeit und so auch uns ausdrücklich in seinem ersten Brief aufgetragen hat. (1 Petr 3,15).

Wir glauben an Gott. Das stellen die Hauptteile des Glaubensbekenntnisses heraus, und das betont besonders der erste Teil davon. Aber nun folgt sofort die zweite Frage: An welchen Gott? Nun, eben an den Gott, der Schöpfergeist ist, schöpferische Vernunft, von der alles kommt und von der wir kommen. Der zweite Teil des Glaubensbekenntnisses sagt uns mehr. Diese schöpferische Vernunft ist Güte. Sie ist Liebe. Sie hat ein Gesicht. Gott läßt uns nicht im Dunklen tappen. Er hat sich gezeigt als Mensch. So groß ist er, daß er es sich leisten kann, ganz klein zu werden. „Wer mich sieht, sieht den Vater“, sagt Jesus (Joh 14,9). Gott hat ein menschliches Gesicht angenommen. Er liebt uns bis dahin, daß er sich für uns ans Kreuz nageln läßt, um die Leiden der Menschheit zum Herzen Gottes hinaufzutragen. Heute, wo wir die Pathologien und die lebensgefährlichen Erkrankungen der Religion und der Vernunft sehen, die Zerstörungen des Gottesbildes durch Haß und Fanatismus, ist es wichtig, klar zu sagen, welchem Gott wir glauben und zu diesem menschlichen Antlitz Gottes zu stehen. Erst das erlöst uns von der Gottesangst, aus der letztlich der moderne Atheismus geboren wurde. Erst dieser Gott erlöst uns von der Weltangst und von der Furcht vor der Leere des eigenen Daseins. Erst durch das Hinschauen auf Jesus Christus wird die Freude an Gott voll, wird zur erlösten Freude. Richten wir in dieser festlichen Feier der Eucharistie unseren Blick auf den Herrn, der hier am Kreuz vor uns aufgerichtet ist, und bitten wir ihn um die große Freude, die er in seiner Abschiedsstunde den Jüngern verheißen hat (Joh 16,24).

Der zweite Teil des Bekenntnisses schließt mit dem Ausblick auf das Letzte Gericht und der dritte mit dem der Auferstehung der Toten. Gericht – wird uns da nicht doch wieder angst gemacht? Aber wollen wir nicht alle, daß einmal all den ungerecht Verurteilten, all denen, die ein Leben lang gelitten haben und aus einem Leben voller Leid in den Tod gehen mußten, daß ihnen allen Gerechtigkeit widerfährt? Wollen wir nicht alle, daß am Ende das Übermaß an Unrecht und Leid, das wir in der Geschichte sehen, sich auflöst; daß alle am Ende froh werden können, daß das Ganze Sinn erhält? Diese Herstellung des Rechts, diese Zusammenfügung der scheinbar sinnlosen Fragmentstücke der Geschichte in ein Ganzes hinein, in dem die Wahrheit und die Liebe regieren: das ist mit dem Weltgericht gemeint. Der Glaube will uns nicht angst machen, aber er will uns zur Verantwortung rufen. Wir dürfen unser Leben nicht verschleudern, nicht mißbrauchen, es nicht einfach für uns selber nehmen; Unrecht darf uns nicht gleichgültig lassen, wir dürfen nicht seine Mitläufer oder sogar Mittäter werden. Wir müssen unsere Sendung in der Geschichte wahrnehmen und versuchen, dieser unserer Sendung zu entsprechen. Nicht Angst, aber Verantwortung – Verantwortung und Sorge um unser Heil, um das Heil der ganzen Welt ist notwendig. Jeder muß seinen Teil dazu beitragen. Wenn aber Verantwortung und Sorge zu Angst werden möchten, dann erinnern wir uns an das Wort des heiligen Johannes: „Meine Kinder, ich schreibe euch dies, damit ihr nicht sündigt. Wenn aber einer sündigt, haben wir einen Anwalt beim Vater: Jesus Christus, den Gerechten" (1 Joh 2,1). „Wenn unser Herz uns auch verurteilt – Gott ist größer als unser Herz, und er weiß alles" (1 Joh 3,20).

Wir feiern heute das Fest Mariä Namen. So möchte ich all den Frauen, die diesen Namen tragen, meine herzlichen Segenswünsche zu diesem ihrem Festtag aussprechen; meine Mutter und meine Schwester gehören dazu, der Bischof hat es schon gesagt. Maria, die Mutter des Herrn, hat vom gläubigen Volk den Titel Advocata erhalten; sie ist unsere Anwältin bei Gott. So kennen wir sie seit der Hochzeit von Kana: als die gütige, mütterlich sorgende und liebende Frau, die die

Not der anderen wahrnimmt und sie zum Herrn hinträgt, um zu helfen. Heute haben wir im Evangelium gehört, wie der Herr sie dem Lieblingsjünger und in ihm uns allen zur Mutter gibt. Die Christen haben zu allen Zeiten dankbar dieses Vermächtnis Jesu aufgenommen und bei der Mutter immer wieder die Geborgenheit und die Zuversicht gefunden, die uns Gottes und unseres Glaubens an Ihn froh werden läßt. Nehmen auch wir Maria als den Stern unseres Lebens an, der uns in die große Familie Gottes hineinführt. Ja, wer glaubt, ist nie allein. Amen.

ZU DEN WURZELN DER ARABISCHEN VERNUNFT

WAEL FAROUQ

I. DAS BEDÜRFNIS NACH RATIONALITÄT

1. Eine Antwort auf die Wirklichkeit

Das eigentliche Thema dieses Aufsatzes ist gar nicht so sehr die Ansprache Seiner Heiligkeit Benedikt XVI. Ich möchte mich vielmehr auf einen wichtigen Gedanken konzentrieren: Die Ansprache des Papstes folgt in einem Abstand von weniger als zehn Jahren den entsprechenden, nahezu identisch titulierten Überlegungen seines großen Vorgängers, des verstorbenen Johannes Paul II.: *Fides et ratio.* Darin erklärte Johannes Paul II. – wiederum gestützt auf seine Vorgänger –, daß er durch die „Haltungen eines verbreiteten Mißtrauens gegenüber den großartigen Erkenntnisfähigkeiten des Menschen"[1] dazu bewogen

[1] JOHANNES PAUL II., Enzyklika *Fides et ratio* (14. September 1998), Nr. 5, § 3.

worden sei, über dieses Thema zu schreiben. Diese Haltungen seien nicht nur bei einigen Philosophen, sondern beim modernen Menschen an sich zu beobachten. Dies weise „vor allem in der Geschichte des Abendlandes“[2] auf eine Krise der Rationalität hin, und aus dieser wiederum sei ein Nihilismus erwachsen, dem es gelinge, „als Philosophie vom Nichts auf unsere Zeitgenossen seinen Zauber auszuüben. Seine Anhänger stellen Theorien darüber auf, daß die Suche in sich selbst ihr Ende hat, ohne irgendeine Hoffnung oder Möglichkeit, das Ziel der Wahrheit je zu erreichen. Nach nihilistischer Auslegung ist das Dasein nur eine Gelegenheit für Eindrücke und Erfahrungen, in denen das Flüchtige den Vorrang hat. Der Nihilismus steht am Anfang jener verbreiteten Geisteshaltung, wonach man keine endgültige Verpflichtung mehr übernehmen muß, weil ohnehin alles vergänglich und vorläufig ist.“[3]

Etwa ein Jahr vor der Regensburger Vorlesung hatte Seine Heiligkeit Benedikt XVI. seine erste Enzyklika, *Deus Caritas est,* veröffentlicht. Darin schreibt er: „In einer Welt, in der mit dem Namen Gottes bisweilen die Rache oder gar die Pflicht zu Haß und Gewalt verbunden wird, ist dies [das Gebot der Liebe] eine Botschaft von hoher Aktualität und von ganz praktischer

[2] *Ibidem,* Nr. 46, § 1.

[3] *Ibidem,* Nr. 46, § 3.

Bedeutung. Deswegen möchte ich in meiner ersten Enzyklika von der Liebe sprechen, mit der Gott uns beschenkt und die von uns weitergegeben werden soll",[4] denn „Gott ist der Urquell allen Seins überhaupt; aber dieser schöpferische Ursprung aller Dinge – der *Logos,* die Urvernunft – ist zugleich ein Liebender mit der ganzen Leidenschaft wirklicher Liebe."[5] Diese Liebe bildet gleichsam eine Grundlage des Glaubens und der Vernunft und erfordert die Gegenwart des anderen, mit dem man in eine aufrichtige Beziehung tritt, denn „wenn die Berührung mit Gott in meinem Leben ganz fehlt, dann kann ich im anderen immer nur den anderen sehen und kann das göttliche Bild in ihm nicht erkennen. Wenn ich aber die Zuwendung zum Nächsten aus meinem Leben ganz weglasse und nur ‚fromm' sein möchte, nur meine ‚religiösen Pflichten' tun, dann verdorrt auch die Gottesbeziehung. Dann ist sie nur noch ‚korrekt', aber ohne Liebe. Nur meine Bereitschaft, auf den Nächsten zuzugehen, ihm Liebe zu erweisen, macht mich auch fühlsam Gott gegenüber. Nur der Dienst am Nächsten öffnet mir die Augen dafür, was Gott für mich tut und wie er mich liebt."[6]

[4] BENEDIKT XVI., Enzyklika *Deus caritas est* (25. Dezember 2005), Nr. 1, § 3.

[5] *Ibidem,* Nr. 10, § 2.

[6] *Ibidem,* Nr. 18, § 1.

Die Begegnung und der Dialog mit dem Nächsten erfordern, daß wir uns für ihn bereitmachen. Und in seiner letzten Ansprache, die eine solche Polemik ausgelöst hat, erklärt der Papst: „Nur so werden wir auch zum wirklichen Dialog der Kulturen und Religionen fähig, dessen wir so dringend bedürfen. Im Abendland herrscht weithin die Meinung, allein die positivistische Vernunft und die ihr zugehörigen Formen der Philosophie seien universal. Aber von den tief religiösen Kulturen der Welt wird gerade dieser Ausschluß des Göttlichen aus der Universalität der Vernunft als Verstoß gegen ihre innersten Überzeugungen angesehen. Eine Vernunft, die dem Göttlichen gegenüber taub ist und Religion in den Bereich der Subkulturen abdrängt, ist unfähig zum Dialog der Kulturen."[7] Deshalb müssen Philosophie und Theologie daran denken, daß „das Hören auf die großen Erfahrungen und Einsichten der religiösen Traditionen der Menschheit, besonders aber des christlichen Glaubens, eine Erkenntnisquelle [ist], der sich zu verweigern eine unzulässige Verengung unseres Hörens und Antwortens wäre."[8]

Ohne daß wir hier näher auf den Inhalt der besagten Vorlesung eingehen wollen – dessen Charakter

[7] Benedikt XVI., Ansprache an die Vertreter aus dem Bereich der Wissenschaften in der Aula Magna der Universität Regensburg (12. September 2006), § 16 (S. 28 in diesem Buch).

[8] *Ibidem* (S. 29 in diesem Buch).

sich geändert hat, als er zum Medienthema und zum Austragungsort einer ideologisierten Auseinandersetzung wurde –, führt der von uns skizzierte Kontext zu einigen Konsequenzen von allergrößter Wichtigkeit.

Erstens: Das menschliche Rationalitätsbedürfnis und die gegenwärtige Krise der Rationalität sind nicht auf eine einzige Kultur beschränkt und betreffen nicht nur die Angehörigen einer einzigen Religion. Obwohl die Ursachen und die Beschaffenheit dieser Krise in den jeweiligen Kulturen unterschiedlich sind, handelt es sich noch immer um eine allgemeine Krise der Menschheit, die, wenn auch in verschiedenen Formen, einzig und allein Gewalt hervorbringt: die durch den herrschenden Nihilismus verkörperte kognitive Gewalt gegen das menschliche Leben im Abendland und die vom Geist des Extremismus und des Terrorismus verkörperte physische Gewalt gegen das menschliche Leben in der arabischen Welt. Der Kontext der Rede, den wir uns ins Gedächtnis gerufen haben, bringt die Gewalt nicht mit dem Islam in Verbindung, sondern ruft dazu auf, den Islam, der eine große religiöse Tradition der Menschheit ist und einen reichen Schatz an Erfahrungen und Überzeugungen bietet, als Quelle der Erkenntnis zu nutzen. Diese Traditionen zu ignorieren oder abzulehnen hieße, die Fähigkeit der Vernunft anzugreifen. Die Krise besteht nach Ansicht des Verfassers nicht im Islam an sich, sondern in den Denkmechanismen, die ihm vorangegangen sind, im Moment seiner Entstehung mit ihm interagiert und sich so nachhaltig ausgebreitet haben, daß ihre Dominanz bis heute ungebrochen ist, wie wir auf den folgenden Seiten zeigen werden.

Die zweite Konsequenz: Der beste Beweis für die Richtigkeit der angeführten Zitate ist das, was bei der Interaktion mit der Wirklichkeit und bei der Beantwortung ihrer Fragen zu beobachten ist: Die Antwort auf die Wirklichkeit zielt nicht nur darauf ab, die Bedingungen der Wirklichkeit selbst zu verbessern, sondern drängt die Vernunft zur Erneuerung und Reifung. Denn die Vernunft ist kein selbstgenügsames und in sich selbst verschlossenes Konzept, sondern im Gegenteil offen für die Erfahrung und die menschlichen Wirklichkeiten, auf deren Bedürfnisse sie reagiert und mit deren Ausdrucksformen sie interagiert, um in der Wechselwirkung mit ihnen größer und weiter zu werden.

Dritte Konsequenz: die Liebe. Die Liebe muß Triebfeder und Ziel dieser Rationalität sein, denn vermittels der Liebe können wir die tiefsten Momente des menschlichen Daseins erleben und die uns von der Natur auferlegte „Alterität" überwinden, indem wir ihre wahre Bedeutung erfassen. Das Christentum kennt, ebenso wie der Islam, keinen Glauben ohne Liebe. Deswegen wollen wir unsere Einleitung mit den folgenden Texten enden lassen:

„Wenn jemand sagt: Ich liebe Gott!, aber seinen Bruder haßt, ist er ein Lügner. Denn wer seinen Bruder nicht liebt, den er sieht, kann Gott nicht lieben, den er nicht sieht" (1 Joh 4,20).

„Du sollst deinen Nächsten lieben wie dich selbst!" (Mt 19,19).

„Gläubige seid ihr erst, wenn ihr einander liebt" (Spruch des Propheten, überliefert von Muslim).

„Niemand von euch ist gläubig, solange er nicht seinem Bruder wünscht, was er sich selbst wünscht" (Spruch des Propheten, überliefert von al-Buchari).

2. Vernunft und Wirklichkeit zwischen fundamentalistischen Identitätswächtern und modernistischen Erneuerern

Wenn man die heutige arabische Wirklichkeit in ihrer ganzen geographischen Ausdehnung betrachtet, stellt man fest, daß das dringende Bedürfnis nach Rationalität in den Werken der unterschiedlichsten Denker Spuren hinterlassen hat. Immer wieder taucht das Wort „Vernunft" oder eine seiner Ableitungen in den Buchtiteln des vergangenen Vierteljahrhunderts auf. Wir wollen hier ohne Anspruch auf Vollständigkeit nur einige Beispiele nennen: *Die Entstehung der arabischen Vernunft* und *Die Struktur der arabischen Vernunft* von Mohammed Abed al-Jabri;[9] *Die Erneuerung der arabischen Vernunft* von Zaki Negui Mahmoud; *Die*

[9] Arabische Personen- und Städtenamen werden im Text in der im Westen geläufigsten Form und in den Anmerkungen in ihrer wissenschaftlichen Transkription angeführt. *(Anm. d. Red.)*

Kultur des chaotischen Systems und *Anathema gegen die Vernunft oder die Vernunft des Anathema* von Ghali Shukri; *Von der Mühe des Interpretierens zur Kritik der islamischen Vernunft* von Mohammed Arkoun; *Die gefangene Vernunft* von Burhan Ghalioun; *Die Abdankung der Vernunft im Islam* von George Tarabishi; *Zeichen von Rationalität und Aberglauben im arabischen politischen Denken* von Faleh Abdul Jabbar; *Die rationale Tendenz im Korankommentar* von Nasr Hamid Abu Zayd.

Wir könnten Dutzende von Arbeiten arabischer Denker von Marokko bis zum Persischen Golf hinzufügen, doch es geht hier vor allem um die Tatsache, daß solche Werke auf die Krise der zeitgenössischen arabischen Vernunft hinweisen. Ungeachtet ihrer großen Vielfalt und sogar Widersprüchlichkeit können wir sagen, daß auch sie auf das Bedürfnis nach Rationalität reagieren; statt jedoch die Komplexität der Wirklichkeit zu bewältigen, wird diese rationale Anstrengung selbst zu einem wesentlichen Bestandteil dieser Komplexität, weil sie sich – gewollt oder ungewollt – von der Dialektik zwischen „Authentizität und Gleichzeitigkeit", „Erbe der Vergangenheit und Modernität", „Tradition und Erneuerung", oder wie immer wir sie nennen wollen, in die Falle locken läßt.

Diese Dialektik ist zu einer Art „schwarzem Loch" geworden, das alle intellektuellen Bemühungen und jedes kritische Bewußtsein, das sich ihm nähert, ansaugt und verschlingt. Sie tritt an die Stelle der Wirklichkeit und gibt sich als die ganze Wirklichkeit aus, obwohl sie nur ein Teil von ihr ist. Jeder Gedanke, der aus ihr erwächst oder sich zu ihr hinwendet, festigt ihre Position und verbreitert den von ihr gezogenen Graben.

„Mithin ist der Kampf zwischen den Verfechtern der Moderne einerseits und der Identität/Authentizität andererseits zur Achse des modernen arabischen Denkens und zur Quelle der wesentlichen Auseinandersetzungen geworden; die Geschichte der modernen arabischen Kultur ist in Wirklichkeit die Geschichte der Entwicklung dieses Kampfs, seiner sich wandelnden Formen und seiner kontinuierlichen Ausbreitung. Von ihr her oder in Abgrenzung zu ihr definieren sich alle anderen Standpunkte, die der einzelne und die jeweiligen Strömungen im Hinblick auf das Abendland, die Zivilisation, den Glauben oder die Wissenschaft, die Macht oder die Zukunft einnehmen“.[10]

Diese Dialektik hat die heutige arabische Kultur in gegnerische Parteien aufgespalten, die sogar vor Gewalt und Mord nicht zurückschrecken und sich gegenseitig Unglauben und Abhängigkeit vom Abendland, Konservatismus und reaktionäre Unbeweglichkeit vorwerfen. Diese Widersprüchlichkeit beruht im wesentlichen auf der Tatsache, daß die Moderne eine Seinsweise ist, die wir – ob wir wollen oder nicht – praktizieren und leben. Die Moderne ist keine Gesamtheit erkenntnistheoretischer Aussagen, die wir

[10] Burhān Ġaliyūn, *Iġtiyāl al-ʻaql. Miḥnat aṯ-aṯqāfa al-ʻarabiyya bayn as-salafiyya wa-'t-tab'iyya (Die gefangene Vernunft. Die arabische Kultur auf dem Prüfstein zwischen Konservatismus und Abhängigkeit),* Dār at-Tanwīr, Bayrūt [2]1987, S. 22.

annehmen oder ablehnen oder aus denen wir uns die passenden aussuchen könnten; sie ist ein wesentlicher Teil unseres Lebens, wir praktizieren sie in jedem Augenblick, und sie prägt die Art und Weise unserer Beziehungen zu der Welt, die uns umgibt, oder zu der Gesellschaft, der wir angehören. Der Unterschied zwischen den beiden genannten Gruppen beruht auf der Tatsache, daß die einen die Moderne ablehnen – obwohl sie sie praktizieren – und letztlich mit ihr brechen, während die anderen sich mit ihr identifizieren und soweit gehen, die Tradition und den historischen Kontext als Hindernisse auf dem Weg des Fortschritts zu betrachten.

Im modernen arabischen Bewußtsein spiegelt sich dieser Widerspruch in einer tiefen Zerrissenheit und Spannung. Diese Zerrissenheit hat das Vertrauen in einen arabischen Diskurs erschüttert, der geeignet wäre, dem Bedürfnis nach Wiedergeburt und Fortschritt Rechnung zu tragen, weil jeder Diskurs immer einer Klassifikation unterworfen ist. „Die Konzepte, deren sich der moderne und zeitgenössische arabische Diskurs bedient, sind weder Spiegel noch Ausdruck der aktuellen arabischen Wirklichkeit, sondern entstammen in der überwiegenden Mehrheit der Fälle entweder dem europäischen Denken – d.h., sie bezeichnen mit Blick auf Europa eine Realität, die sich verwirklicht hat oder dabei ist, sich zu verwirklichen – oder dem arabisch-islamischen Denken des Mittelalters, in dem sie zumindest nach Ansicht ihrer Verfechter einen wirklichen und eigentlichen Inhalt besaßen; in beiden Fällen hat man diese Konzepte benutzt, um eine ersehnte und unbestimmte, dunkle und zerrissene Wirklichkeit auszudrücken, ein Idealbild, das im arabischen Bewußtsein und Gedächtnis präsent ist. So kommt es zum Bruch zwischen dem Denken und seinem Gegenstand, und der Diskurs, in dem er sich ausdrückt, ist keine Benennung von Tatsachen, sondern eine Absichtserklärung".[11]

Ehe wir fortfahren, möchte ich eines klarstellen: Ich behaupte nicht, daß nur die arabische Vernunft von dieser Widersprüchlichkeit und Zerrissenheit gekennzeichnet ist, und ich glaube auch nicht, daß diese einzig und allein der düsteren politischen, wirtschaftlichen und gesellschaftlichen Realität zuzuschreiben sind, die die arabischen Länder charakterisiert. Japan, einem Land, das im vergangenen Jahrhundert entscheidende Fortschritte erzielt und sich in wissenschaftlicher und wirtschaftlicher Hinsicht sprunghaft nach vorne entwickelt hat, ist es bis heute nicht gelungen, diese Zerrissenheit zu überwinden, wie Tanizaki Junichiro schreibt: „Der Westen hat auf einem gradlinigen Weg seinen heutigen Stand erreicht; wir unsererseits stießen auf eine überlegene Zivilisation, waren gezwungen, sie zu übernehmen, und mußten dafür einen anderen Kurs einschlagen als denjenigen,

[11] MUHAMMAD 'ĀBID AL-ĠĀBRĪ, *al-Ḫiṭāb al-'arabī al-mu'āṣir. Dirāsa taḥlīliyya naqdiyya (Der zeitgenössische arabische Diskurs. Analytische und kritische Studie)*, Markaz dirasāt al-waḥda al-'arabiyya, Bayrūt 1992, S. 182.

den wir seit ein paar tausend Jahren verfolgt hatten, was verschiedene Mängel und Inkonvenienzen zur Folge hatte."[12]

Dieser Hinweis bestätigt also die theoretische Natur dieser Problematik, die im Alltag und Lebensstil jedes beliebigen Menschen Gestalt annimmt – also in ebenjenen Realitäten, die wir gewöhnlich beiseite schieben und vernachlässigen. Die Dialektik und der Konflikt zwischen fundamentalistischen Identitätswächtern und modernistischen Erneuerern ist eine trügerische und falsche Dialektik. Der arabische Intellektuelle ist gemeinhin ein „Gefangener der ursprünglichen Modelle und Goldenen Zeitalter, und das gilt für die Traditionalisten wie für die Modernisten, weil sie alle ein utopisches und fundamentalistisches Denken pflegen. Die Verfechter der Tradition gedenken – natürlich mit der nötigen Differenzierung –, die Epoche des Propheten oder der Rechtgeleiteten Kalifen[13] oder das Zeitalter der Abbasiden wiederzubeleben, oder sie versuchen, dem Beispiel des averroistischen Rationalismus zu folgen, dem Realismus eines Ibn Chaldūn[14] oder

[12] Tanizaki Jun'ichiro, *Lob des Schattens. Entwurf einer japanischen Ästhetik*, Zürich 1987, S. 17 f.

[13] Die ersten vier Nachfolger Muḥammads, die die muslimische Gemeinschaft von 634 bis 661 anführten *(Anm. d. Red.)*.

[14] Tunesischer Historiker (1332–1406), der vor allem für seine *Einleitung in die Weltgeschichte* berühmt geworden ist; von dieser liegen verschiedene Übersetzungen vor (zuletzt die von Mathias Pätzold: Buch der Beispiele. Die Einführung, Leipzig 1992 – *Anm. d. Red.)*.

dem finalistischen Modell von aš-Šāṭibī;[15] die Modernisten ihrerseits – deren Ansichten natürlich ebenfalls in sich unterschiedlich sind – gedenken, das Zeitalter der *Nahḍa,*[16] die klassische Epoche, die Aufklärung, den Liberalismus eines Voltaire, den Rationalismus eines Kant, den Historismus eines Hegel oder den Materialismus eines Marx wiederzubeleben".[17]

Diese Dialektik läßt sich also auf folgenden Nenner bringen: Tradition (die Tradition des Mittelalters oder der Moderne) einerseits und Handeln in der Wirklichkeit andererseits. Die zerrissene Identität der heutigen arabischen Kultur hat mithin ihre vorrangige und wichtigste Ursache darin, daß sie nicht in ihrer eigenen Wirklichkeit agiert. Denn es ist ja gerade das kreative Handeln und Sich-Verhalten zur Wirklichkeit und zum anderen, das die menschliche Identität formt und die verlorene Harmonie zwischen dem „Jetzt" und der Geschichte, zwischen dem „Hier" und dem, was es umgibt, ermöglicht. Die Krise der arabischen Vernunft besteht darin, daß es keine gelebte Harmonie in der Zeit oder im Raum, keine gelebte Harmonie zwischen Zeit und Raum gibt. Der fundamentalisti-

[15] Malikitischer Rechtsgelehrter (gest. 1388), Verfasser einer Theorie über die „Grenzen des Gesetzes" *(Anm. d. Red.).*

[16] Die arabische „Renaissance" des 19. Jahrhunderts *(Anm. d. Red.).*

[17] 'Ālī Ḥarb, *Awhām an-naṣba aw naqd al-muṭaqqaf (Die Illusionen der Elite; Kritik des Intellektuellen),* al-Markaz aṭ-ṭaqāfī al-'arabī, ad-Dār al-Baydā', Casablanca 1996, S. 92.

sche Identitätswächter lebt im „Hier", doch ein „Jetzt", in dem die eigene glorreiche Vergangenheit ihm Gesellschaft leisten könnte, ist ihm fremd; die Vorkämpfer der Moderne dagegen leben ein „Jetzt" und sind Fremde in einem „Hier", von dem aus ihre Herzen zu jenem Ort im Abendland auswandern könnten, dem sie sich zugehörig fühlen.

Sowohl die traditionalistische als auch die modernistische arabische Vernunft funktionieren mithin bei aller Unterschiedlichkeit der Quellen, auf die sie sich beziehen, nach demselben Mechanismus. Statt diese Quellen als Forschungsgegenstand und Anwendungsgebiet zu betrachten, wird ihre jeweilige – traditionalistische oder modernistische – intellektuelle Aktivität für sie zu einer Grundlage von Identität und Zugehörigkeit.

Ich kann nun sagen, daß es keinen Araber gibt, der in der heutigen Zeit lebt und nicht der Tradition und der Moderne im selben Maße angehört. Damit erhält die Dialektik von Verbindung und Trennung ein anderes Gesicht. Denn sowohl der Traditionalist als auch der Modernist sind – auch wenn sie es leugnen – gleichermaßen an Tradition und Moderne gebunden, und beide sind – auch wenn sie sich weigern, dies einzugestehen – aus der alltäglichen Realität herausgeschnitten. Wie aber läßt sich dieser künstliche Riß in der Identität zwischen Tradition und Moderne wieder flicken?

Diese Frage ist nicht leicht zu beantworten, und wenn es eine Antwort gibt, so ist sie nicht endgültig;

dennoch schlage ich vor, die Bestandteile der Identität in zwei Rahmen einzuspannen, die nicht voneinander getrennt werden und nur als ein Gesamtes existieren können. Der erste Rahmen ist die „Identitätsmaterie". Mit diesem Ausdruck bezeichnen wir die Tradition, die in der Geschichte wurzelt und deren Ablagerungen als Kategorien und Denkmechanismen das Bewußtsein des heutigen Menschen und seine alltäglichen Handlungen prägen. Der zweite Rahmen ist die „identitätsformende Handlung", worunter wir das Bewußtsein verstehen, das aus der Erfahrung des Menschen in der ihm eigenen neuen und einzigartigen Wirklichkeit entsteht: einer Wirklichkeit, die an keinem anderen Ort und zu keiner anderen Zeit bestanden hat; einer Wirklichkeit, die den Menschen dazu drängt, in der Hoffnung auf ein besseres Leben all seine Kräfte einzusetzen.

Die Identität als „Materie und Form" gewährleistet die Gegenwart der besonderen (arabischen) und allgemeinen (menschlichen) Tradition innerhalb der vom Handeln des Ich und des anderen geformten Wirklichkeit.

3. Notwendigkeit der Alterität

Die Aussöhnung von Tradition und Wirklichkeit bildet eine Art oberstes Ziel für die Bemühungen zahlreicher Denker im Rahmen der Dialektik von Authentizität und Gleichzeitigkeit. So definiert Mohammed Abed al-Jabri die Tradition als „die in uns lebenden Toten".[18] Damit ist gemeint, daß jeder von uns – ob er will oder nicht – das Erbe und das Leben derer in sich trägt, die vor ihm da waren, weil es eine Ausdehnung und Kontinuität des Lebens gibt, die über die Zeit und die wandelbaren Bedingungen hinausgeht, in der sich das Handeln des Menschen vollzieht.

Doch dieser Satz verströmt – ungewollt – lediglich einen Geruch des Todes, denn er macht die Tradition zu einer Ansammlung von Leichen und uns zu ihren Gräbern. Auf diese Weise läßt er uns – entgegen seiner Absicht – die Krise mit Händen greifen: die Krise unserer Herangehensweise an die Tradition und unserer Beziehung zu ihr, die in der Kategorie der „Gefangenschaft" eingeordnet werden kann. Entweder wir sind Gefangene der Tradition, oder die Tradition ist unsere Gefangene. Denn wir sind zwar Teil der Tradition, aber wir sind nicht *die* Tradition.

Der Versuch, sich mit dem anderen auszusöhnen, hat dazu geführt, daß man den Zweck von den Mitteln unterscheidet, die Bildung von der Ausbildung, die Theorie von der Praxis, das Akademische vom Beruflichen, das Kulturelle vom Wirtschaftlichen, das Soziale vom Technologischen usw. Diese Identifizierung hatte zur Folge,

[18] MUHAMMAD ʻĀBID AL-ĠĀBRĪ, *NaḤnu wa-'ṭ-ṭurāṭ. Qirā'āt mu'āśira fī turāṭina al-falsafī (Wir und die Tradition. Zeitgenössische Lesarten unseres philosophischen Erbes),* al-Markaz aṭ-ṭaqāfī al-ʻarabī, ad-Dār al-Baydā', Casablanca [4]1985, S. 113.

daß das rationale arabische Erbe in jeder Generation der modernen Epoche von einer erdrückenden Mehrheit ignoriert werden konnte.[19]

Wenn wir jedoch der Tradition und dem, was die Tradition sagt, Gehör schenken, müssen wir uns auf sie als auf ein anderes beziehen. Das aber ist nicht möglich, solange die Tradition abstrakt und körperlos ist und, wie al-Jabri es formuliert, eine Ansammlung von Kategorien bleibt, die sich über die Zeit und die sich wandelnden Bedingungen hinwegsetzen, obwohl sich doch in ihnen das Handeln des Menschen vollzieht.

Deshalb müssen wir der Tradition einen Körper geben und beispielsweise das abbasidische Recht nicht losgelöst vom Leben der Menschen studieren, das in Werken wie dem *al-Aġānī*[20] aufgezeichnet ist – auch wenn der Inhalt literarischer Werke unwissenschaftlich, fiktiv und erfunden ist. Allein die Tatsache, daß dieser Inhalt erfunden, weitergegeben, gesammelt und in Büchern festgehalten worden ist, sagt schon etwas über die soziale und intellektuelle Wirklichkeit und über die leib-

[19] Ġālī Šukrī, *Taqāfat an-niẓām al-ʿašwāʾī, Takfīr al-ʿaql wa-ʿaql at-takfīr (Die Kultur des chaotischen Systems* und *Anathema gegen die Vernunft oder die Vernunft des Anathema),* in der Reihe *Kitāb al-ahālī* (50), al-Qāhira 1994, S. 65.

[20] Das *Kitāb al-Aġānī* (Buch der Lieder), ist eine von Abū 'l-Farağ al-Iṣfahānī (gest. 967) zusammengestellte, überaus umfangreiche Gedichtsammlung *(Anm. d. Red.).*

haftige Menschlichkeit der damaligen Rechtsgelehrten aus. Es gilt, die Einheit der Erkenntnis wiederzuentdekken: jener Erkenntnis, die aus dem „Blick" auf erhabene Themen erwächst, und jener Erkenntnis, die in einen Kontext eingebettet ist und aus dem alltäglichen Leben der Menschen einer Epoche stammt. Wenn die Tradition Mensch wird, ist sie lebendig; sie ist lebendig, weil sie nicht abstrakt ist, sie ist lebendig, weil sie in ihrem Leib bleibt – dem Sprechen / dem Menschen –, denn indem sie spricht, existiert sie. Unser Verhältnis zur Tradition muß also ein dialogisches sein, in dem beide Teile sich voneinander unterscheiden und Unabhängigkeit genießen.

Diese lange Einleitung war notwendig, um den Gegenstand unserer Untersuchung und unser Verhältnis zu ihm zu definieren. Der Gegenstand unserer Untersuchung ist „die Identitätsmaterie" in ihrer menschlichen Dimension, in deren Zentrum die Denkmechanismen des Menschen, die Hilfsmittel, mit denen er das Wissen bewahrt, und die Methoden stehen, mit denen dieses von Generation zu Generation weitergegeben wird. Die Beziehung der Untersuchung zu ihrem Gegenstand ist ebenfalls eine dialogische Beziehung zu einem „Anderen", das zwar keine räumliche Ausdehnung hat, jedoch zur Interaktion fähig und zum Dialog bereit ist.

II. DIE WÜSTE DER ZEIT

1. Lehm und Stein

Mehr als drei Jahrhunderte vor dem Islam führten Chosrau, der König von Persien, und an-Nu'mān Ibn al-Munḏir, das Oberhaupt der Ghassanidendynastie, eine Unterhaltung.[21] In diesem Gespräch zählte Chosrau die Tugenden der verschiedenen Nationen und die Zeichen auf, an denen man ihren Zivilisationsgrad erkennen konnte: Städtebau, wissenschaftliche Kenntnisse, Medizin, Mathematik, Kunsthandwerk, Organisation der von der Religion gelenkten und von Königen verwalteten Gesellschaft. Als die Rede auf die Araber kam, sagte er: „An den Arabern sehe ich überhaupt keine gute Eigenschaft, weder in der Religion noch in den Dingen dieser Welt; sie haben weder Entschlußkraft noch andere Stärken, und von ihrer Schwäche, Feigheit und Gemeinheit legt der Ort, an dem sie mit wilden Tieren und verirrten Vögeln leben, Zeugnis ab. Vor lauter Elend erschlagen sie ihre Kinder, und aus Armut verspeisen sie sich gegenseitig. Köstli-

[21] Die Ghassaniden waren Vasallenkönige von Byzanz, die im 6. Jahrhundert im Süden Syriens ein christliches arabisches Reich geschaffen hatten *(Anm. d. Red.)*.

che Speisen oder Gewänder, Getränke, Zerstreuungen und Vergnügungen kennen sie nicht. Das Beste, was die Wohlhabendsten unter ihnen bekommen können, ist Kamelfleisch, das viele Raubtiere seiner Schwere, seines üblen Geschmacks und aus Furcht vor den damit verbundenen Krankheiten verschmähen. Wenn einer von ihnen einen Gast empfängt, betrachtet er dies als eine großzügige Tat, und wenn er einen Bissen zum Mund führt, dann gilt ihm dies als eine Beute, die es verdient, in den Gedichten besungen und von den Menschen gepriesen zu werden. Hinzu kommt, daß eure Niedrigkeit und Dürftigkeit, euer Elend und Unglück euch offenbar nicht mit Scham erfüllen, im Gegenteil: Ihr seid stolz darauf und gebt vor, den anderen Völkern überlegen zu sein."

Hierauf gibt an-Nu'mān zur Antwort, daß die Araber alle Völker, die der Perserkönig aufgezählt hat, an Stärke und Wert übertreffen: „Niemandem ist es je gelungen, ihnen etwas wegzunehmen; ihre Festungen sind die Rücken ihrer Pferde, ihr Bett ist der nackte Erdboden, ihr Dach der Himmel, ihre Waffe das Schwert, ihre Rüstung die Geduld. Dagegen besteht die Kraft aller anderen Nationen in Stein und Lehm und in der Tatsache, daß sie die Inseln der Meere bewohnen." Dann geht an-Nu'mān dazu über, die Schönheit der Araber zu preisen, ihre trotz äußerster Armut große Freigebigkeit, ihre unverbrüchliche Treue, für die sie sogar in den Tod gehen, und den Respekt vor den Symbolen ihres Glaubens. Denn sie haben heilige Monate, ein geweihtes Dorf und ein Haus, das das Ziel von Pilgerfahrten ist.[22] Schließlich erwähnt an-Nu'mān, was die Araber von den anderen Nationen unterscheidet, und sagt (wir zitieren wörtlich): „Was ihre Stammbäume und ihre persönliche Geltung betrifft, so sind allen anderen Völkern ihre Väter und viele ihrer Vorfahren unbekannt, und wenn man einen nach dem Namen derjenigen fragt, die vor seinem Vater gelebt haben, ist er nicht imstande, seinen eigenen Stammbaum herzusagen. Dagegen gibt es keinen Araber, der nicht in der Lage wäre, seine Väter einen nach dem anderen beim Namen zu nennen. So sehr schützen sie ihre persönliche Bedeutung und bewahren ihre Stammbäume. Wer immer sich aus einem fremden Volk vorstellt, wird sogleich auf seinen richtigen Stammbaum zurückgeführt, und niemand schreibt ihm einen anderen als seinen wirklichen Vater zu. [...] Was die Weisheit ihrer Sprache betrifft, so hat der Allerhöchste Gott ihnen in den Gedichten eine herrliche und großartige Sprache mit Versmaß und Reim geschenkt, dazu die Kenntnis der Dinge und die Fähigkeit, daraus Sprichwörter abzuleiten und in der Beschreibung einen Grad der Genauigkeit zu erreichen, wie ihn kein anderes Volk besitzt. [...] Was die Tatsache betrifft, die du erwähnt hast, o König, daß sie ihre Kinder lebendig begraben,[23] verhält es sich so, daß diejeni-

[22] Die Ka'ba *(Anm. d. Red.).*

[23] Bezug auf eine grausame Praxis, die mit der Einführung des Islam abgeschafft wurde *(Anm. d. Red.).*

gen von ihnen, die dies tun, ihre Töchter begraben, um der Schande zu entgehen, und wegen der Eifersucht der Ehemänner. [...] Was schließlich die inneren Kämpfe betrifft, in denen sie sich gegenseitig zerfleischen und es ablehnen, sich einem Mann zu unterwerfen, der sie führt und eint, so ist eine solche Unterwerfung typisch für jene Völker, die sich mit ihrer Schwäche abgefunden haben und fürchten, daß ein Feind sie im Kampf besiegen könnte. Überdies muß es in den großen Reichen ein einziges Haus geben, dessen Überlegenheit von den anderen anerkannt wird, dem man das, was getan werden muß, anvertraut und von dem man sich Zügel anlegen läßt. Doch bei den Arabern können viele nach diesem Titel streben, und deshalb versuchen alle, König zu sein".[24]

Das erste, was in diesem Dialog Erwähnung verdient, ist die Tatsache, daß sein Inhalt mehr als 1800 Jahre lang in den verschiedensten klassischen arabischen Quellen und den Werken der modernen Forscher immer und immer wieder aufgegriffen worden ist. Dieser Dialog stellt mithin eine „Charta" dar: eine Quelle, deren Wasser sich durch die Jahrhunderte hindurch in die unterschiedlichen Wissensgebiete ergießt. Es soll an dieser Stelle genügen, dies an zwei Beispielen, einem klassischen und einem modernen,

[24] Ibn ʿAbd Rabbini al-Andalusī, *al-ʿIqd al-farīd (Die kostbare Kette)*, al-Qāhira 1992, Bd. II, S. 6–10.

zu belegen und den Verweis auf andere Quellen in die Fußnoten zu verbannen, um nicht in eine lange Reihe von Wiederholungen zu verfallen.[25]

Ibn Chaldūn (1332–1406), der Begründer der „Kulturwissenschaft", erklärt in seiner *Muqaddima (Einleitung),* daß die Natur der Araber hart ist und der der Tiere ähnelt. Unter den Menschen nehmen sie dieselbe Stellung ein wie die Raubtiere unter den Tieren, und aufgrund ihres wilden Naturells widmen sie sich dem Raub und der Zerstörung. Wenn sie sich eines Ortes bemächtigen, stürzen sie ihn in den Untergang, denn sie sind ein wildes Volk. Sie lassen die Gebäude verfallen, weil sie die Steine aus den Mauern herausreißen, um ihre Kochtöpfe dar-

[25] Nāṣir ad-Dīn al-Asad, *Maṣādir aš-ši'r al-ǧāhilī wa-qīmatuhā at-tārīḫiyya (Die Quellen der vorislamischen Dichtung und ihre historische Bedeutung),* Dār al-Ǧīl, Bayrūt 1988, S. 1–19. Muhammad Ahmad Ǧād al-Mawlà Bek *et alii, Ayyām al-'arab fī'l-ǧāhiliyya (Die Schlachten der Araber in der vorislamischen Epoche),* Dār Iḥyā' at-turāṭ al-'arabī, o. J., S. 1–20. Ṭaha Ḥusayn, *Fī 'š-ši'r al-ǧāhilī (Die vorislamische Dichtung),* Dār al-Kutub al-miṣriyya, al-Qāhira, [1]1926, S. 21. Ǧawād 'Alī, *al-Mufaṣṣal fī tarīḫ al-'arab qabla 'l-Islām (Ausführliche Geschichte der Araber vor dem Islam),* Bayrūt [2]1987, Bd. VI, S. 500; Bd. IV, S. 288; Bd. VIII, S. 559. Ahmad Amīn, *Faǧr al-Islām (Der Aufstieg des Islam),* al-Hay'a al-miṣriyya al-'āmma li-'l-kitāb, al-Qāhira 1996, S. 18–19. Šawqī Ḍayf, *al-'Aṣral-ǧāhilī (Die vorislamische Epoche),* Dār al-Ma'ārif, al-Qāhira, o. J., 11. Aufl., S. 17–103. Ḥusayn al-Ḥaǧǧ Ḥasan, *al-Usṭūra 'inda 'l-'arab fī 'l-ǧāhiliyya (Der Mythos bei den Arabern der vorislamischen Epoche),* Bayrūt 1988, S. 20–22. Muhammad 'Alī Kurd 'Alī, *al-Islām wa-'l-ḥaḍāra al-'arabiyya (Der Islam und die arabische Zivilisation),* al-Qāhira 1968, S. 120–131.

auf abzustellen; sie zerstören die Dächer, um dort ihre Zelte aufzuschlagen, und sie machen daraus Balken für ihre Häuser. Aufgrund ihres rohen und hochfahrenden Wesens, der Maßlosigkeit ihres Strebens und des ständigen Wettstreits um die Stellung des Anführers sind sie das am schwersten lenkbare Volk. Nur selten lassen ihre Ziele sich miteinander in Einklang bringen, und deshalb kennen sie keine Monarchie, abgesehen von einer gewissen „religiösen Färbung" wie die Prophetie, die Heiligkeit oder einen Moment großen Einflusses der Religion auf die gesamte Gesellschaft.[26] Unter allen Völkern besitzen sie die geringsten Kenntnisse in den Künsten und Wissenschaften; ihren Lebensunterhalt beschaffen sie sich mit Lanzen und Schwertern; sie wechseln ständig ihren Wohnort und reisen weite Strecken, ohne irgendwo lange zu bleiben, so daß dies für sie zur zweiten Natur geworden ist und sie letztlich keine Heimat haben, auf die sie sich beziehen, und kein Dorf, in das sie heimkehren könnten; das einzige Band, das sie zusammenhält und sie in Gruppen unterteilt, ist das der Natur und des Blutes, das bei ihnen aufgrund der Reinheit ihrer Stammbäume unvermischt bleibt.

[26] Die „religiöse Färbung" ist ein wiederkehrender Begriff bei Ibn Chaldūn; er bezeichnet damit den Einfluß des Glaubens auf das Leben der Beduinen. Dieses Bild ist vom Koran inspiriert (II, 138), der von der „Farbe Gottes" spricht *(Anm. d. Red.)*.

Desungeachtet sind sie von allen Völkern am schnellsten bereit, die Wahrheit und den rechten Weg anzunehmen, weil ihre Natur von schlechten Gewohnheiten frei und von tadelnswerten Bräuchen unbelastet ist. Zudem zeichnen sie sich schon immer vor den anderen Nationen durch die Gewandtheit ihrer Rede, den Reichtum ihres Ausdrucks und die Spontaneität ihrer Sprache aus. Seit es sie gibt, ragen sie unter den Nationen durch ihre Beredsamkeit hervor.[27]

Aḥmad Amīn schreibt, daß die Beduinen das Handwerk, die Landwirtschaft, den Handel und die Seefahrt verachteten und noch immer verachten. Sie leben von dem, was ihre Herden hervorbringen; hinzu kommt eine zweite Art des Lebensunterhalts, nämlich Plünderung und Raubüberfälle. Sie greifen einen feindlichen Stamm an – und Feindschaften gibt es viele unter ihnen –, stehlen die Kamele und nehmen Frauen und Kinder gefangen. Daraufhin wartet der andere Stamm einen günstigen Zeitpunkt ab, um ihnen dieselbe Behandlung angedeihen zu lassen. Und wenn sie keinen äußeren Feind finden, dann beginnen sie sogar untereinander Streit. Der Patriotismus der Beduinen ist stammesbezogen und heißt *'aśabiyya* oder Korpsgeist. Der Stamm beschützt sie, und sie beschützen den Stamm. Je

[27] 'ABD-AR-RAHMĀN IBN ḪALDŪN, *al-Muqaddima (Die Einleitung)*, hg. von 'Alī 'Abd al-Wāḥid Wāfi, al-Qāhira [2]1965, Bd. II, S. 415–495.

mehr sie Beduinen sind, desto weniger glauben sie – es sei denn an die Stammessitten und die von ihren Vätern ererbten Bräuche.[28]

Wir können also nun in der Gewißheit zu unserer Charta zurückkehren, daß diese einen „Konsens“ genießt, der es uns erlaubt, sie als Ausgangspunkt für unsere Lektüre und damit für unseren Versuch zu nehmen, die von Mohammed Abed al-Jabri gestellte Frage zu beantworten: „Was ist vom vorislamischen Zeitalter bis heute in der arabischen Kultur gleich geblieben? Oder besser, was hat sich vom vorislamischen Zeitalter bis heute in der arabischen Kultur verändert?“[29]

Wir wollen versuchen, die Wurzeln der Identität der „Vernunft“ im Kontext ihrer Entstehung zu erforschen; wir wollen versuchen, auf die Worte von an-Nu'mān zu hören, der die Zustimmung seiner Zeitgenossen und auch der nachfolgenden Generationen gefunden hat: Was unterscheidet die Araber von den anderen Völkern? An-Nu'mān vertritt die Ansicht, daß die Kulturen der anderen Nationen „Lehm und Stein“ sind und daß die Vernunft, die Philosophie und die Wissenschaften der Weisheit der „Sprache“, der „Kenntnis der Dinge“ und der „Fähigkeit, daraus Sprichwörter abzuleiten“ nicht standzuhalten ver-

[28] AHMAD AMĪN, *op. cit.*, S. 18–21.

[29] MUHAMMAD 'ĀBID AL-ĞĀBRĪ, *Takwīn al-'aql al-'arabī (Die Entstehung der arabischen Vernunft)*, Markaz dirāsāt al-waḥda, Bayrūt 1991, S. 38.

mögen – die „Vernunft“ erübrigt sich, wenn man die „Sprache“ beherrscht.

Al-Ǧāḥiẓ (776–868/869), der „von der Last der wissenschaftlichen Bücher zu Tode gedrückt wurde“,[30] verteidigt die Äußerung von an-Nu‘mān: „Alles, was die Araber besitzen, ist Improvisation und gleichsam eine Art göttlicher Eingebung. Bei ihnen gibt es weder Mühe noch Anstrengung, Erwägung einer Idee oder überlegtes Nachdenken“.[31] Weshalb sollte man eine Idee abwägen, sich anstrengen und so fort, wenn alles schon in der Sprache gefunden werden kann? „Die Sprache ist nicht das Werk eines einzelnen oder einzelner; sie ist das unvermeidliche Produkt des Lebens in einer Gesellschaft, deren Mitglieder gezwungen sind, ein Mittel zu erfinden, um sich miteinander zu verständigen, auszudrücken, was ihnen vor ihrem geistigen Auge steht, und ihre Gedanken auszutauschen. Dieses Mittel ist die Sprache“.[32] Doch ist die

[30] AL-ǦĀHIZ, *al-Ḥayawān (Die Tiere)*, hg. von ‘Abd as-Salām Hārūn, al-Hay’a al-‘āmma li-quṣūr aṭ-ṭaqāfa, Nr. 74 der Reihe *aḏ-Ḏaḫā’ir*, Bd. I, S. 5 (Al-Ǧāḥiẓ ist der produktivste Schriftsteller des ersten abbasidischen Zeitalters *(Anm. d. Red.)*.

[31] ID., *al-Bayān wa-’t-tabyīn (Die Beredsamkeit und der Beweis)*, hg. von Fawzī ‘Aṭwī, Dār Ṣa’b, Bayrūt, o. J., S. 405.

[32] RAMADĀN ‘ABD AT-TAWWĀB, *at-taźawwur al-luǧawī, maẓāhiruhu, ‘ilaluhu wa-qawānīnuhu (Die Sprachentwicklung; Erscheinungsformen, Ursachen und Gesetzmäßigkeiten)*, Maktabat al-Ḫānǧī, al-Qāhira 1995, S. 29.

Sprache für an-Nuʻmān kein Mittel, sondern eine Ursache und ein Zweck, denn er unterscheidet den einzelnen („in seinen kleinsten Entitäten ist der Mensch Herz und Sprache"[33]) und die Gesellschaft („in ihren Sprachen gibt es vieles, was sich in den Sprachen der anderen Stämme nicht findet; die Sprache des Arabers ist fähiger als seine Vernunft"[34]).

Dieses Verhältnis zwischen Vernunft und Sprache ist absolut einzigartig: Es ist ein umgekehrtes Verhältnis, denn die Sprache wird nicht als Werkzeug empfunden, um das zum Ausdruck zu bringen, was von der Vernunft her gegeben ist, sondern die Vernunft wird instrumentalisiert, um das zu bewahren, was in der Sprache existiert. Die Vernunft ist Erinnerung, und die Erinnerung ist ein Verzeichnis, das die Klänge/Worte festhält, damit sie nicht in der Wüste des Vergessens verlorengehen. Der *Lisān al-ʻarab* – das größte erhaltene Wörterbuch der arabischen Tradition, ein Werk von Ibn Manẓūr al-Ifrīqī, der im 14. Jahrhundert gelebt hat – definiert die Vernunft *(ʻaql)* wie folgt: „*ʻaqala* oder von einer Person *ʻāqil* / *ʻuqūl*, Pl. *ʻuqalāʼ*. Wenn ein Mann *ʻāqil* (vernünftig) ist, vereint er Scharfblick und Tatkraft in sich. Dieses Wort ist von ‚das Kamel fesseln' *(ʻaqala 'l-baʻīr)*, das heißt, ihm die Füße zusammenbinden, abgeleitet. Es wird auch gesagt, daß eine Person, die als *ʻāqil* (ver-

[33] IBN ʻABD RABBIHI AL-ANDALUSĪ, *op. cit.*, Bd. II, S. 19.

[34] AHMAD AMĪN, *op. cit.*, S. 62.

nünftig) bezeichnet wird, in der Lage ist, ihre eigene (begehrende) Seele im Zaum zu halten und ihre eigenen Gelüste zu zügeln. In diesem Fall wäre das Wort von der arabischen Redewendung ‚ihm ist die Zunge gefesselt' *(qad i'taqala lisānuhu)* abgeleitet, was bedeutet, daß der Betreffende daran gehindert wird, zu sagen, was er denkt. Das Bekannte *(al-ma'qūl)* ist das, was man in seinem Herzen festhält. Auch dies entspricht der Vernunft. Denn man sagt: Er ist vernünftig *(ma'qūl),* das heißt, er hat ein gutes Urteil *(lahu 'aql)*".[35] Sodann zählt Ibn Manzūr die Bedeutungen von „Vernunft" auf, die jedoch alle im Bedeutungsfeld von „fesseln, einschränken, im Zaum halten" bleiben. Und schließlich setzt er die Vernunft mit dem Herzen gleich: „Die Vernunft ist das Herz, und das Herz ist die Vernunft".[36]

Die Vernunft *('aql)* ist mithin ein Band *('āqil)* oder eine Fessel und gleichzeitig auch der gebundene, gefesselte Gegenstand *(ma'qūl),* und außerdem ist sie das Herz. Deshalb erlangt man sie auf dem Wege der Eingebung, wie al-Ǧāḥiẓ erklärt. Ibn Qutayba[37] überliefert folgenden arabischen Weisheitsspruch: „Die in-

[35] IBN MANZŪR, *Lisān al-'arab (Die Sprache der Araber),* Dār Iḥyā' at-turāṯ al-'arabī, Bayrūt [3]1999, Bd. IX, S. 326–332.

[36] *Ibid.,* S. 326.

[37] Ein weiterer produktiver Schriftsteller des ersten abbasidischen Zeitalters (828–889) und Verfasser einer Reihe von Werken über die Ausbildung der Sekretäre *(Anm. d. Red.).*

telligente *(ʻāqil)* Person muß ihre eigene Zeit kennen, die Zunge im Zaum halten können und sich um ihre Angelegenheiten kümmern".[38] Die Vernunft hält die Zunge (im Zaum), wobei das Verb „halten" in diesem Fall der Bedeutung von „Vernunft" im Arabischen sehr nahe kommt, denn wir halten eine Sache, damit sie nicht verlorengeht, und wir halten unsere Zunge (im Zaum), damit sie nicht in die Irre geht. Denn die Zunge oder Sprache kann tödlich sein: „Ist es denn etwa nicht die eigene Zunge, die die Menschen ins Feuer der Hölle stürzt?", wie der Prophet sagt. Die Vernunft ist mithin eine „Fessel" und ein „Gefesseltes", die Vernunft ist ein Werkzeug, um die Sprache und das Sprechen zu erhalten.

Die seßhafte Kultur, die der vorislamische König als „Lehm und Stein" beschrieben hatte, bewertet al-Ǧāḥiẓ dagegen anders als an-Nuʻmān. Seine Argumentation lautet: „Die Nicht-Araber vertrauen ihre Taten den Gebäuden an. Auch die Araber besitzen Gebäude, doch was sie unterscheidet und einzigartig macht, ist die Dichtung. Sie ist ihr Archiv, sie verewigt ihre Taten und ihren Ruhm".[39]

Das Bauen ist somit ebenso wie die Vernunft eine Methode des „Fesselns". Bauen heißt, ein Gedächtnis

[38] IBN QUTAYBA AD-DĪNAWARĪ, *ʻUyūn al-aḫbār (Ausgewählte Aufzeichnungen)*, al-Hayʼa al-ʻāmma li-quṣūr aṯ-ṭaqāfa, al-Qāhira 2003, Bd. I, S. 280.

[39] AL-ǦĀHIZ, *al-Ḥayawān*, S. 72.

erschaffen, das aus natürlichen Elementen besteht und außerhalb des Menschen liegt; der Araber dagegen hat eine ganz persönliche Beziehung zu seiner eigenen Erinnerung und trägt ihr Gebäude in seinem Inneren, ohne sich jemals davon zu trennen. Die Kultur der anderen ist Lehm und Stein, seine Kultur sind die Worte. Hier offenbart sich der tiefe Unterschied zwischen der bäuerlichen und der beduinischen Gesellschaft. Erstere besteht in einer Gegenwart im *Raum*, während die Gesellschaft der Wüste eine Gegenwart in der *Zeit* oder in der Erinnerung ist. Die seßhafte Gesellschaft ist eine Kultur der Beständigkeit, die Gesellschaft der Wüste dagegen eine Kultur der Bewegung. Und das Wort ist – in dieser oralen Gesellschaft – ein Klang, mithin eine Bewegung in der Zeit: „Der Klang ist ein Ereignis in der Zeit, und die Zeit vergeht ohne Wiederkehr, Aufenthalt oder Unterbrechung".[40]

„Wort" heißt im Arabischen soviel wie „Ausspruch" oder „Wunde";[41] in ähnlicher Weise bedeutet *dabar* im Hebräischen – der ebenfalls von Beduinenstämmen gesprochenen Schwestersprache des Arabischen – Wort und Ereignis.[42] In dieser Situation der Beweg-

[40] Walter J. Ong, *Orality and Literacy. The Technologizing of the Word*, London und New York 1992, S. 155.

[41] Ibn Manzūr, *op. cit.*, Bd. II, S. 148.

[42] Walter J. Ong, *op. cit.*, S. 91.

lichkeit ist die Erinnerung die Quelle, die die Beobachtung des Menschen speist, und jedes Ding in der Welt wird in ein imaginäres Netz von Linien eingeordnet, die in der Erinnerung zusammenlaufen. In der Wüste übertrifft die besondere Eigenart des Klangs noch die Wichtigkeit der Erinnerung/Vernunft: „Denn der Klang existiert nur in dem Moment, da er bereits wieder vergeht“.[43]

Der Raum existiert nicht im Leben des Beduinen. Die arabischen Nomaden besitzen, wie Ibn Chaldūn erklärt, „weder Heimat noch Land“. Der Raum ist nichts anderes als ein Augenblick des Aufenthalts auf einer unendlichen Reise; und so ist es nicht weiter verwunderlich, daß alle Wörter, die im Arabischen die Vorstellung ausdrücken, an einem Ort zu verweilen – und diese Wörter werden noch heute benutzt –, einen Moment der Pause bezeichnen. So leitet sich das Wort für „Aufenthalt“ *(maskan)* vom Verb *sakana* her, das das Gegenteil von „sich bewegen“ ist und auch „schweigen“ heißt. Wenn man sagt, daß ein Mensch zum Stillstand gekommen ist, so bedeutet dies, daß er geschwiegen hat. Und der „Anker“ *(sukkān)* heißt so, weil man mit seiner Hilfe das Schiff festmacht *(sakana)* und verhindert, daß es sich in Bewegung setzt und abdriftet.[44]

[43] *Ibid.*, S. 90.

[44] Ibn Manzūr, *op. cit.*, Bd. VI, S. 316.

So ist das Wort für „Haus“ *(dār)* vom Verb *dāra*, „um eine Sache kreisen“, abgeleitet.[45] Jeder Ort, an dem sich eine Gruppe von Personen aufhält, ist ein „Haus“, auch wenn dort keine Gebäude stehen. Daß es als „Haus“ *(dār)* bezeichnet wird, beruht auf der Tatsache, daß es diejenigen umgibt *(dāra)*, die es bewohnen.[46] Ein anderer Ausdruck für „Haus“ *(bayt)* kommt vom Verb *bāta*, das „die Nacht verbringen“ bedeutet, und zwar unabhängig davon, ob man schläft oder wacht. Und *mabīt* bezeichnet den Ort, an dem man die Nacht verbringt.[47] Das Wort für „Wohnung“ schließlich *(manzil)* ist vom Verb *nazala* (hinabsteigen) abgeleitet; die Wohnung *(manzil)* nämlich ist ein Ort, zu dem man hinabsteigt.[48]

Der Raum in der Wüste besitzt also keine eigene Identität; er ist ein Moment des Aufenthalts, ein Übergang zwischen zwei Bewegungen oder zwei Zeiten.

Der wichtigste „Topos“ der vorislamischen Dichtung war die „Klage über den Resten des Lagers“, über den Stätten, die von ihren zeitweiligen Bewohnern verlassen worden sind. Sie versinnbildlichen einen Augenblick des Innehaltens. Und genauso beginnt auch

[45] Id., *op. cit.*, Bd. IV, S. 440.

[46] Usāma Ibn Munqiḏ, *al-Manāzil wa-'d-diyār (Wohnsitze und Niederlassungen)*, hg. von Muṣṭafâ Ḥiǧāz, al-Qāhira ²1992, S. 55.

[47] Ibn Manẓūr, *op. cit.*, Bd. I, S. 546.

[48] Id., *op. cit.*, Bd. XIV, S. 112–113.

die erste Ode der vollständig auf uns gekommenen vorislamischen Dichtung des großen Dichters Imru' 'l-Qays: „Haltet inne!“[49]

„Haltet inne und laßt uns weinen bei der Erinnerung an ein geliebtes Wesen und an eine Wohnstatt“.[50]

Die Erinnerung verfolgt den aufbrechenden Dichter und zwingt ihn, innezuhalten. Dieser Aufenthalt ist nicht von Dauer – es handelt sich eher um eine Art Gedenkminute für das geliebte Wesen (den Menschen) und die Bleibe (den Raum). Mithin ist der Raum nur Gedenken, Gegenwart in der Erinnerung; der Mensch und der Raum sind im Wandel begriffen und beginnen erst in der Erinnerung zu existieren. Die Erinnerung ist eine Gegenbewegung in der Zeit. Hier manifestiert sich eine beständige Bewegung im Raum, von der nichts bleibt als eine in die Vergangenheit gerichtete Gegenbewegung in der Zeit. „Jeder Dichter der vorislamischen Zeit beginnt mit der Anrede einer Gesellschaft, der er lediglich durch einen Rückgriff auf die Vergangenheit angehört. Die

[49] Abū Zayd Muhammad Ibn al-Ḫaṭṭāb al-Qurašī, *Ǧamharat aš'ār al-arab fī 'l-ǧāhiliyya wa-'l-islām (Anthologie der arabischen Gedichte aus vorislamischer und islamischer Zeit),* hg. von Muḥammad 'Alī al-Biǧāwī, Dār Naḥḍat Miṣr, al-Qāhira, o. J., S. 65.

[50] Mit diesem berühmten Vers beginnt die *mu'allaqa* von Imru' 'l-Qays, die auch in italienischer Übersetzung vorliegt: Daniela Amaldi (Hg.), *Le Mu'allaqat. Alle origini della poesia araba,* Marsilio, Venedig 1991 *(Anm. d. Red.).*

Vergangenheit ist durch einen beständigen Druck gekennzeichnet, der auf den Geist des Dichters wirkt. [...] Jeder Dichter erinnert sich an die Reste des Lagers, das heißt an die Überbleibsel der Vergangenheit und die ersten Zeichen entlang des Wegs. Man kann nur von der Vergangenheit her beginnen; man kann über keine Frage sprechen, ohne zuvor die Funktion des Erinnerns erfüllt zu haben; dies wird zu einer wichtigen und unausweichlichen Pflicht. Für den, der sich nicht erinnert, gibt es keine Dichtung".[51]

Dichtung bedeutet „Wissen" in der arabischen Sprache, und in dieser Bedeutung wird es auch im Koran verwendet:[52] „Und was gibt euch die Sicherheit, daß, wenn es kommt, sie (daran) glauben?"[53] Die Araber haben die Dichtung und die Dichter geheiligt. „Die Dichter genossen bei den Arabern dasselbe Ansehen wie die Propheten bei den anderen Völkern und wurden als Gelehrte und Weise bezeichnet".[54] „Zu den Tatsachen, die am meisten zum Nachdenken anre-

[51] Muṣṭafà Nāṣif, *Qirā'a ṯāniya li-ši'rinā 'l-qadīm (Unsere alten Dichter neu gelesen)*, Dār al-Andalus, al-Qāhira 1981, S. 55.

[52] Ibn Manẓūr, *op. cit.*, Bd. VII, S. 131.

[53] Koran, VI, 109 (in der Übersetzung von Rudi Paret, Stuttgart ^{8}2007); *yaš'uru* (Wissen), das Paret mit „Sicherheit" übersetzt, hat dieselbe Wurzel wie *ši'r* (Dichtung).

[54] Sāmī Makkī, *al-Islām wa-'š-ši'r (Der Islam und die Dichtung)*, Reihe *'Ālam al-ma'rifa*, Nr. 66, al-Kuwayt 1983, S. 15.

gen, gehört die Aufmerksamkeit, die eine bestimmte Gemeinschaft – die arabische Gemeinschaft vor dem Islam – dem Erinnern widmet, das sie als Ausgangspunkt allen Nachdenkens und Beginn allen Strebens betrachtet".[55]

Die Bedeutungen des Verbs erinnern *(ḏakara)* im Arabischen bestätigen die Wichtigkeit der Erinnerung nicht nur als Rückbezug auf eine vergangene Zeit, sondern als Quelle des Lebens: „Erinnerung *(aḏ-ḏikr)* heißt, etwas aufbewahren. Andere Bedeutung: Etwas wird von einem zum anderen weitergesagt; das ist die Erinnerung *(at-taḏakkur)* nach dem Vergessen. Andere Bedeutung: das Männliche *(aḏ-ḏakar),* das heißt das Gegenteil des Weiblichen und das männliche Glied und das scharfe Schwert. Ein männlicher Mann *(ḏakar)* ist ein mutiger Mann, eine männliche Dichtung ist eine hervorragende Dichtung, ein männlicher Regen ist ein ergiebiger Regen, und ein Land ist männlich *(miḏkār),* wenn es dichtes Gras hervorbringt. Die Erinnerung *(ḏikr)* ist der Ruf und die Ehre und das Gebet. Die ‚Erinnerung an das Gute' ist die Urkunde, und die Erinnerung ist das Lob, der Dank und der Gehorsam".[56]

Die Erinnerung ist all das, worauf sich das Leben in der Wüste gründet, der Mann, der Regen, das Schwert, die Ehre, ganz abgesehen – natürlich – von den religi-

[55] Muṣṭafà Nāṣif, *op. cit.,* S. 56.

[56] Ibn Manẓūr, *op. cit.,* Bd. V, S. 50–51.

ösen Bedeutungen des Begriffs, deren Spektrum durch den Islam noch erweitert worden ist, denn für ihn ist der Koran „die weise Erinnerung“ *(aḏ-ḏikr al-ḥakīm).*

Die Erinnerung ist mithin das Leben, und der Araber verweilt in der Zeit. Dem Leben in der Zeit steht jedoch der *Tod* in der Zeit gegenüber; deshalb trägt jedes arabische Wort, das die Zeit bezeichnet, auch einen Aspekt von Tod, Untergang und Verhängnis in sich. So steht etwa das Wort *zamān* für die Zeit, sei sie nun lang oder kurz, bezeichnet zugleich aber auch Krankheit und Machtlosigkeit. Das Wort *dahr* meint eine lange zeitliche Ausdehnung, doch auch die Katastrophe, und die Araber der Wüste benutzen es, um zu sagen: „Ein Unglück hat sie getroffen“ *(dahara bihim)* und: „Die Zeit hat sie vernichtet“. Noch heute verwendet das Arabische Ausdrücke wie „die Verhängnisse der Zeit“, und es gibt sogar andere Wörter, die von *dahr* abgeleitet sind, wie *tadahwur,* das „zerfallen und sich auflösen“ bedeutet.

Das Partizip des Wortes *abad,* „die unendliche Zeit“, bedeutet „unsterblich“ und „was immer währt“, doch das aktive Partizip *(al-ābida)* bezeichnet ein Unglück, dessen man sich immer erinnern wird. *Azal* ist das Gegenteil von *abad,* das heißt die vor uns vergangene Ewigkeit, bedeutet jedoch auch „Not und Schwierigkeit“; *ðīn* heißt „Moment der Zeit“, aber auch „Tod“. *AĠal* meint einen äußersten Moment der Zeit oder die zeitliche Ausdehnung einer Sache, bezeichnet jedoch auch die Todesstunde. *Sana* heißt Jahr, aber auch Unfruchtbarkeit und Entbehrung wie im Koran: „Wir haben ja über die Leute Pharaos die Jahre (der Dürre) und Mangel an Früchten kommen lassen" (VII, 130). *Yawm* bedeutet einerseits Tag, andererseits Bedrängnis und Tod und schließlich Krieg – so sind mit der Redewendung „die Tage der Araber" eigentlich ihre Kriege gemeint.[57]

Das Leben entfaltet sich also in der Zeit, doch auch der Tod geschieht in der Zeit. Was nach dem Tod kommt, existiert nicht, weil die Zeit an einer geraden Linie entlang verläuft, die keine Abweichungen zuläßt. Der Koran hat diese Zeitauffassung des vorislamischen Arabien bewahrt: „Und sie sagen: ‚Es gibt nur unser diesseitiges Leben. Wir sterben und leben (in diesem Rahmen), und nur die Zeit (die allem, was existiert, den Stempel der Vergänglichkeit aufdrückt) *(dahr)* läßt uns zugrunde gehen.' Sie haben aber kein Wissen darüber und stellen nur Mutmaßungen an" (XLV, 24).

Die Sprache, die Vernunft (Erinnerung), die Zeit – diese Begriffe begründen die „Identität" der arabischen Vernunft in ihren ersten Anfängen; und deshalb muß jeder Vergleich, der darauf ausgerichtet ist, die arabische Vernunft zu verstehen, von hier ausgehen und ihren Weg durch die Geschichte nachverfolgen.

[57] *Ibid., op. cit., sub voces: zaman, abad, azal, ḥīn, ağal, sana (sanw), yawm.*

2. Der Baum der Erkenntnis

Der wichtigste Baum in der Wüste ist der „Stamm-Baum". Jeder Stamm ist ein Baum, und der Mensch definiert sich als ein Zweig an diesem Baum. Wenn die Bewohner der Wüste sich einander vorstellen, dann fragen sie: „Von wem bist du?" Der Mensch nämlich ist Teil des Stamm-Baums; die Wurzel des Stammbaums sind die Ahnen; und die Ahnen wurzeln in der Zeit – der Vergangenheit.

Die Metapher vom Stammbaum ist überaus interessant, denn sie macht die Herkunft eines Menschen zum Symbol für die Kontinuität des Lebens und verbindet den einzelnen durch ein objektives Band mit der Gemeinschaft: Der Zweig kann nicht ohne den Baum und der Baum nicht ohne die Wurzel, das heißt ohne eine feste Grundlage in der Zeit leben.

Ibn 'Abd Rabbihi schreibt: „Wer den Stammbaum nicht kennt, der kennt die Menschen nicht, und wer die Menschen nicht kennt, gehört nicht mehr zu ihnen".[58] Erst seine Abstammung macht also den Menschen zum Menschen, und an-Nu'mān hatte recht, als er die Abstammung neben der Sprache als einen der Pfeiler der arabischen Identität bezeichnete. Die Nicht-Araber sind „Barbaren": Tiere, die Stimmen haben, aber keine Sprache. Der Araber ist dem Nicht-Araber überlegen, weil

[58] IBN 'ABD RABBIHI AL-ANDALUSĪ, *op. cit.*, Bd. III, S. 361.

der Barbar den Tieren ähnlicher ist und sich nicht über seinen Vater hinaus zurückerinnern kann. Er vermag sich keinen Stammbaum zu geben, und ebensowenig „spricht er wie die Araber" *(yu'rib),*[59] das heißt, er spricht nicht verständlich und klar, denn die Klarheit besteht eben gerade darin, daß man „wie die Araber" spricht. Ebenso beinhaltet auch das Wort Abstammung *(nasab)* unter anderem die Bedeutung „rechter und eindeutiger Weg".[60]

Aus diesem Grund ist der einzige ernstzunehmende Rivale des Dichters in der vorislamischen Gesellschaft der Herkunftsforscher. „Die Herkunftsforscher bewahren mit großer Genauigkeit die Namen der Stämme und der von ihnen abstammenden Clans. Wenn jemand zu ihnen kommt und ihnen beispielsweise sagt: ‚Ich bin von den Banū Tamīm; nenne mir meine Abkunft', dann ist der Herkunftsforscher imstande, ausgehend vom Stamm der Tamīm und den davon abstammenden Gruppen – Unterstämmen, Clans und Unterclans – bis zur Familie des Fragestellers und von dort aus zu seinem Vater und schließlich zu ihm selbst zu gelangen. […] Die Herkunftsforscher waren zahlreich in der vorislamischen Gesellschaft,

[59] Das Wort bedeutet „wie die Araber sprechen", „mit Klarheit sprechen" und „die Endungen der Nomen und der Verben verwenden". Schon die Bedeutungsüberschneidungen sind überaus bezeichnend *(Anm. d. Red.).*

[60] Ibn Manẓūr, *op. cit.,* Bd. XIV, S. 119.

und kein Stamm, Unterstamm oder Clan konnte auf sie verzichten".[61]

Ebenso wie der Dichter wacht auch der Herkunftsforscher über die Identität der Gesellschaft und garantiert ihre Kontinuität. „Die Herkunft macht den Stamm zu einer kontinuierlichen Gemeinschaft, die sich aus eigener Kraft weder schaffen noch auflösen kann, weil sie im Dasein der einzelnen, aus denen sie geformt wird, existiert. Sie bleibt in der Zeit, beständig und verzweigt, in der kontinuierlichen Existenz jener einzelnen und in der Fortdauer ihrer Nachkommen. So wird der Stamm zu einer Gemeinschaft, die dauert, obwohl sie nicht an die Zeit gebunden ist. Auf diese Weise befreit sich der einzelne von der harten Erfahrung, in der Zeit verlorenzugehen/zu sterben. Die Stammesbindung ist im Grunde die Verbindung zwischen dem einzelnen und der Gesellschaft, zwischen Zweig und Baum. Der einzelne geht im Stamm auf, wenn dieser in irgendeiner Weise bedroht wird, doch auch der Stamm identifiziert sich voll und ganz mit dem einzelnen, wenn diesen ein Unglück trifft; deshalb beweist der einzelne durch seine Anhänglichkeit an den Stamm tatsächlich Anhänglichkeit an sich selbst, weil er seine Person mit dem Stamm identifiziert. Und wenn der Stamm seinerseits einem seiner Mitglieder hilft und ihm zur Seite steht, dann ergreift

[61] Ǧurǧī Zaydān, *Tārīḫ at-tamaddun al-islāmī (Geschichte der islamischen Zivilisation)*, Bayrūt o. J., Bd. III, S. 35.

er in Wirklichkeit Partei für sich selbst, weil er diesen einzelnen mit sich selbst identifiziert. Aus dieser Solidarität zwischen dem einzelnen und seinem Stamm, die soweit reicht, daß der eine im anderen aufgeht, erwachsen zwei Tatsachen, die den Typus der innerhalb und der außerhalb des Stammes vorherrschenden Beziehungen charakterisieren. Zum einen erwächst aus dieser gegenseitigen Solidarität die Tatsache, daß das Feld der Interaktion des einzelnen mit anderen nicht über die Stammesgrenzen hinausgeht, denn der Stamm betrachtet jeden, der ihm nicht angehört, als einen Fremden, vor dem man sich in acht nehmen muß. So gesehen ist die Stammesbindung ein negatives Gefühl gegenüber den anderen. Zum anderen aber ist sie gleichzeitig und in demselben Maß auch ein positives Gefühl, das die Mitglieder des Stammes miteinander vereint. Dieses einerseits negative, andererseits positive Gefühl ist das Geheimnis, durch das es dem Stamm gelungen ist, als zusammenhängende und klar strukturierte soziale Einheit fortzubestehen; von diesem Geheimnis her und auf seiner Grundlage definiert sich die Persönlichkeit des Stammes".[62]

In der Wüste definiert sich ein Mensch einzig und allein über seine Stammeszugehörigkeit, und nur innerhalb des Stammes genießt er überhaupt eine persönliche Existenz. Außerhalb des Stammes geht ihm

[62] MUHAMMAD ʻĀBID AL-ĠĀBRĪ, *al-ʻAṡiyya wa-'d-dawla (Stammesgefühl und Staat),* Markaz dirasāt al-waḥda, Bayrūt 1994, S. 168–169.

diese Existenz restlos verloren, und deshalb gibt es für den Menschen der Wüste keine härtere Strafe als die, „herausgerissen", das heißt, von seinem Stamm vertrieben zu werden – nicht nur, weil er dadurch für jeden, der dies wünscht, zur leichten „Beute" wird, sondern vor allem, weil er das verliert, was ihn noch am Leben hält, was ihn zu einem Teil des Lebens macht, was ihn Mensch sein läßt, wie Ibn 'Abd Rabbihi es ausdrückt. Er ähnelt nun tatsächlich einem Blatt, das vom Baum herabgefallen ist: Es verdorrt und stirbt. Der Tod bedeutet, daß er die Welt/den Stamm verlassen hat – der Stamm verhängt Vergessen über ihn und seine Nachkommen; er verurteilt ihn, sich in der Zeit zu verlieren.

3. Opfer und Tugend

Als dritten Stützpfeiler der arabischen Identität und Merkmal der Unterscheidung von den anderen Nationen nennt an-Nu'mān die „Tugenden". Man könnte ihm entgegnen, daß tugendhafte Sitten sich bei allen Nationen finden und es kein Volk gibt, das nicht die Großzügigkeit, den Mut und die Vertragstreue priese.

Doch ein aufmerksamer Blick auf an-Nu'māns Worte wird uns darüber belehren, aus welchem Grund er diese Tugenden nur den Arabern und keiner der anderen Nationen zugeschrieben hat. „Was ihre Großzügigkeit betrifft, so wird selbst der Niederträchtigste von ihnen, wenn er ein junges Kamel besitzt, mit dem er seinen Lebensunterhalt bestreitet, weil er mit ihm seine Waren transportiert und von seinen Produkten seinen Hunger und seinen Durst stillt, und wenn er eines Nachts auf einen Reisenden trifft, der sich mit einem Bissen Fleisch und einem Schluck Wasser begnügen würde, ihm zu Ehren das Kamel schlachten; und er wird frohgemut dem sicheren Tod entgegengehen, nur um Ruhm und Ansehen zu erringen".[63]

„Wenn sich ein junger, unbekannter Verbrecher ohne Verwandtschaft zu ihnen flüchtet, werden sie ihn mehr ehren als sich selbst und ihm mehr geben, als ihnen selbst verbleibt".[64] Den Niederträchtigsten aller Araber wählt an-Nuʿmān als Muster an Großzügigkeit, um zu zeigen, daß dies bei ihnen ein allgemeiner Charakterzug und eine gemeinsame Tugend ist, und auch um anzudeuten, daß die Taten dieses Mannes von jenen, die über ihm stehen, noch übertroffen werden. Ich wüßte zwar nicht, wie man die Großzügigkeit eines Mannes, der für seinen Mitmenschen dem sicheren Tod entgegengeht, noch übertreffen sollte, doch genau das meint an-Nuʿmān. Er will sagen, daß die Araber in der Übung der Tugenden soweit gehen,

[63] Ibn ʿAbd Rabbihi, *op. cit.*, Bd. III, S. 8.

[64] *Ibid.*, S. 9.

daß die anderen Völker ihnen nicht folgen können. In ihren Tugenden sind die Araber Extremisten; im angeführten Beispiel gäbe sich der Gast mit einem Stück Fleisch und einem Schluck Wasser zufrieden, doch „selbst der Niederträchtigste von ihnen" ist erst zufrieden, wenn er sein Kamel geschlachtet hat, obwohl oder vielleicht gerade weil dies seinen Tod zur Folge haben wird. Der Ausnahmecharakter dieser tugendhaften Tat ist das, was ihr den Erinnerungswert verleiht und dem, der sie vollbracht hat, „Ruhm und Ansehen" garantiert.

Es wird erzählt, daß Ḥātim aṭ-Ṭā'ī[65] im Begriff war, seinen eigenen Sohn zu schlachten, um seine Gäste zu bewirten, als Gott eine Herde wilder Esel schickte, die Ḥātim einfing, schlachtete und seinen Gästen vorsetzte. An-Nu'mān meinte es ernst, als er sein Beispiel auf den „Niederträchtigsten unter ihnen" anwandte. Denn ein Kamel zu schlachten kann, auch wenn man von diesem Tier Nahrung, Kleidung und Trank erhält und seine Schlachtung somit den sicheren Tod seines Besitzers zur Folge hätte, nicht mit der Tötung eines Sohnes verglichen werden. Für jemanden wie Ḥātim aṭ-Ṭā'ī – ein Muster an Großzügigkeit, auf den sich die sprichwörtlichen Redewendungen „großzügiger als Ḥātim" oder auch „eine Großzügigkeit à la Ḥātim" be-

[65] Person der vorislamischen Epoche, deren Großzügigkeit sprichwörtlich geworden ist *(Anm. d. Red.)*.

ziehen – ist dies jedoch alles andere als abwegig. Die Tugend in der Wüste braucht ein Symbol, sie braucht eine Person, auf die sie genealogisch zurückgeführt werden kann, und deshalb wollen wir uns an dieser Stelle nicht bei den offenkundigen Gemeinsamkeiten zwischen der Geschichte von Ḥātims Großzügigkeit und der Geschichte des Propheten Abraham und seines Sohnes aufhalten, der bereit ist, sich für ein höheres Ziel opfern zu lassen – genauso wie der Sohn von Ḥātim aṭ-Ṭā'ī bereit gewesen wäre, sich für einen höheren Wert, nämlich die Fortdauer der Tugend, schlachten zu lassen. Der ganze Stamm – so an'Numān – opfert sich und sein Eigentum für einen Verbrecher, mit dem ihn nichts verbindet; doch dieses Opfer des ganzen Stammes gilt nicht dem Verbrecher an sich, sondern dient dazu, die Symbolik seines Tuns – daß er sich zu ihnen flüchtet, bei ihnen Hilfe sucht – zu bewahren. Die Tugend ist ein Idealmodell und kann als solches nicht in der Praxis eines normalen Menschen bestehen. Die Araber kennen keine Normalität, weil die Normalität der Zeit nicht standhält; man muß sich für die Tugend opfern, denn ohne Opfer wird die Gesellschaft tugendlos bleiben. Wer sich opfert, wird seinen gerechten Lohn erhalten, weil die Gesellschaft ihm einen Platz in ihrer Erinnerung einräumt, ihm „Ruhm und Ansehen" garantiert.

Mithin ist es angemessen, neben der Abstammung und der Sprache die tugendhaften Sitten als den dritten Pfeiler der arabischen Identität und das dritte Element oder den dritten Bestandteil der arabischen

Vernunft in ihren ersten Anfängen zu bezeichnen. Als nächstes werden wir uns daher fragen müssen, inwiefern diese Bestandteile zu Mechanismen geworden sind, die die arabische Vernunft noch heute benutzt und immer weiter bewahrt, obwohl die Bedingungen, die diese Mechanismen geprägt haben, sich vollkommen verändert haben.

Müßten wir aber, wenn es denn so wäre, diese Anfänge deswegen verurteilen? Wie könnten wir, wenn sie – wie wir zu erklären versucht haben – eine Antwort auf die Wirklichkeiten waren, in denen sie entstanden sind? Ihre Züge von Gewalt, Extremismus und Vergangenheitsverklärung waren ein Weg, das Leben nicht zu vernichten, sondern zu bewahren, die Wirklichkeit nicht aufzugeben, sondern sich auf sie einzulassen. Das ist die Lektion, die wir heute aus jener menschlichen Erfahrung lernen müssen.

Nachdem an-Nuʿmān geendet hatte, bemerkte Chosrau: „‚Du verdienst die Autorität, die du in deiner Gegend ausübst, und noch viel mehr als das!‘ Dann bekleidete er ihn mit seinem Königsmantel“.[66]

al Qāhira im März 2007

[66] Ibn ʿAbd Rabbihi, *op. cit.*, Bd. III, S. 10.

TYPHONS SCHRECKGESPENST

ANDRÉ GLUCKSMANN

Wird die Menschheit in der Lage sein, die Gewalt, die sie von jeher in sich trägt, zu mäßigen oder zu beherrschen, oder wird sie an der gegen unendlich strebenden Grenzenlosigkeit der Tötungsmittel und Todestriebe zugrunde gehen? Weil sie den Kampf gegen die Gewalt im Zentrum des interreligiösen Dialogs und der Debatte zwischen Gläubigen und Ungläubigen positioniert, rührt die Regensburger Vorlesung an die Frage aller Fragen, an der sich das Schicksal des 21. Jahrhunderts entscheidet. Jeder ist angesprochen: Familienväter und -mütter ebenso wie angesehene Diplomaten, verantwortliche Politiker, Ideenhistoriker, Theologen und – wie in meinem Fall – eigenbrötlerische Hobbyphilosophen. Daher bin ich so frei, bei der im eigentlichen Sinne philosophischen Wirkung dieses Textes zu verweilen, der Stoff für viele weitere Kommentare bietet.

I. WARUM EIN SOLCHES LOB DER VERNUNFT?

Dank des Denkvermögens ist allen, Glaubenden wie Nichtglaubenden, die Möglichkeit gegeben, „zu schöpfen im tiefen Wasser" der Erkenntnis (vgl. Spr 20,5).[1]

1. Die Frage der Gewalt, ihrer Willkür und ihrer polemischen Beziehung zur menschlichen Vernunft ist der Zeugungsakt der Philosophie, die die griechischen Denker ursprünglich als „Selbsterkenntnis" definierten. Weit davon entfernt, zu einer egoistischen oder narzißtischen Betrachtung der jeweiligen Identität zu verkommen, impliziert eine solche Erkenntnis die direkte Konfrontation mit einer Macht, die den Menschen in seinen Grundfesten zu erschüttern oder sogar zu vernichten vermag. Am Beispiel des Titanen Typhon, der als letzter an dem Versuch scheiterte, die olympischen Götter zu stürzen, erklärt Sokrates, daß ihn weder die literarische Schönheit noch die meteorologische oder physikalische Bedeutung des Mythos interessiert. Er blickt tief in das Bild dieser Chaoskreatur hinein und befragt es wie einen Spiegel, „ob ich etwa

[1] JOHANNES PAUL II., Enzyklika *Fides et ratio* (14. September 1998), §16.

ein Ungeheuer bin, noch verschlungener gebildet und ungetümer als Typhon, oder ein milderes, einfacheres Wesen, das sich seines göttlichen und edeln Teiles von Natur erfreut".[2] Das abendländische Denken mißt die Unmenschlichkeit oder eben Menschlichkeit des Menschen an einer radikalen, proteushaften und barbarischen Gewalt.

2. Dem von einer ganz und gar sokratischen Ironie durchtränkten Verweis auf den Dialog zwischen Manuel II. und einem persischen (oder türkischen) Weisen mangelt es – vorausgesetzt, man ruft sich die Umstände dieser Unterredung ins Gedächtnis – durchaus nicht an Reiz. Manuel Palaeologos war damals als Sohn des regierenden Kaisers von Byzanz lediglich der Kronprinz. Als Anführer eines kleinen christlichen Armeekorps stand er in Diensten des türkischen Sultans und war Teil der muslimischen Truppen. Die stets friedliche und rationale Auseinandersetzung fand mithin in einem Umfeld statt, das ganz von den Gläubigen Allahs beherrscht war. In dieser Situation bringt Manuel in aller Seelenruhe seinen „erstaunlich schroffen" Einwand gegen Mohammed vor, der heutzutage zur unerträglichen und todeswürdigen Blasphemie geworden ist. Untrüglicher Beweis für den derzeitigen Niedergang des „Dialogs" zwischen

[2] PLATON, *Phaidros* 230a (Übersetzung von F. D. E. Schleiermacher).

den Religionen: Diejenigen, die gegen das von Benedikt XVI. angeführte Zitat Sturm laufen, bestätigen damit unwissentlich die Vorwürfe Manuels II.

3. Mit ihrem Aufruf zur „Selbstkritik" schreibt die Regensburger Vorlesung keineswegs nur den Muslimen die Fähigkeit zu, in den Fanatismus eines Glaubens abzugleiten, der es ablehnt, sich von der Vernunft helfen zu lassen. Der Bezug auf Duns Scotus und auf die Nihilisten unserer Tage weist darauf hin, daß niemand, weder Gläubiger noch Ungläubiger, der Gefahr einer grundlegenden Übertretung entgeht. So erklärt sich der Appell, den Dialog der Religionen und die Auseinandersetzung zwischen Religiosität und Agnostizismus neu auszurichten: sich nicht mit Absichtserklärungen und frommen Wünschen zu begnügen, die wirkungslos zu bleiben drohen, sich nicht mit gemeinsamen Gebeten zufriedenzugeben und das zu bemänteln, was die Menschen trotz ihres so unbeirrbar guten Willens auseinanderreißt und trennt. Indem er die Notwendigkeit betont, offen und beharrlich die Steine des Anstoßes und das Blut zu suchen, in dem unsere Glaubensbekenntnisse baden, bleibt Benedikt XVI. dem Aufruf Johannes Pauls II. treu: „Habt keine Angst!" Wie sein Vorgänger in der Enzyklika *Fides et ratio* hält er mit kompromißloser Klarheit an der Forderung des „nötigen Aufeinanderzugehens zwischen biblischem Glauben und griechischem Fragen" fest.

4. Wie kann die zerbrechliche Philosophie dazu beitragen, unseren gewalttätigen Anmaßungen Einhalt zu gebieten? Sie dient insofern als Geländer, als sich in ihrem Fragen eine „negative" Weisheit äußert, die gleichsam das „Ich weiß, daß ich nichts weiß" des Sokrates veranschaulicht. Fein säuberlich und in Anlehnung an Protagoras[3] unterscheidet der griechische Weise drei Arten der Enthüllung des Wahren. Die alten Griechen legen in erster Linie ein spontanes und allgemeines Gebrauchswissen an den Tag: Was das Sprechen in der eigenen Muttersprache betrifft, so richtet man sich zunächst nach seinen Eltern und zieht danach, wenn nötig, einen Grammatiker oder Dichter zu Rate. Für eine zweite Art von eher fachbezogenen oder technischen Kenntnissen gibt es verschiedene Experten: Wer die Fertigkeit des Fischfangs erlernen will, der wendet sich an jemanden mit Erfahrung. Wenn es sich dagegen drittens um große Dinge *(ta megala)* handelt – Gerechtigkeit, Tugend, Schönheit –, ist die spontane Übereinstimmung nicht garantiert, und die Experten erweisen sich als durchaus anfechtbar: Hart wie Eisen glaubt jeder, die Wahrheit zu kennen, und infolgedessen prallen die Meinungen aufeinander, und man kreuzt die Klingen – zumindest so lange das griechische Fragen nicht jeden, den Weisen, den Sophisten oder den einfachen Bürger, zu einer Unwissenheit führt, die er sich zuvor nicht hatte eingestehen wollen.

[3] Platon, *Protagoras,* 319 ff. und insb. 327a *(Anm. d. Red.).*

5. Wenn die Regensburger Vorlesung mit solchem Nachdruck auf die Gefahren eines von der Vernunft geschiedenen Glaubens hinweist, so geschieht dies deshalb, weil letzterer, so negativ er sich auch präsentieren mag, einen notwendigen Ansatzpunkt darstellt. Noch ehe wir Wahrheiten unterscheiden können, versetzt er uns in die Lage, Unwahrheiten zu erkennen. Das Begreifen des Falschen geht dem Begreifen des Wahren voraus: Menons kleiner Sklave, der mit dem schwierigen geometrischen Problem der Verdopplung des Quadrats beschäftigt ist, erkennt den Fehler in seinem ersten Versuch, lange bevor er die richtige Lösung findet. Und auch in der Ethik, so Aischylos, muß man Irrtum und Leid *(pathein)* in Kauf nehmen, um zu wissen. Das griechische Fragen öffnet die Tür zur Tragödie und streift die Verzweiflung, doch seine „Negativität" ist nicht etwa ein Mangel, sondern seine unersetzliche Qualität, und macht Sokrates zum Wächter des Nichts. Seit dem antiken Athen werden die Städte des Abendlands von einer gewissen Anzahl von Individuen heimgesucht, die am Nachdenken Gefallen finden. Sie halten sich an die Maxime der *parrhesia,* des Offen-Sprechens. Diese maßlosen Frager nannte man „Philosophen". In Athen konnte jemand, der nicht sagte, was er dachte, gesetzlich belangt werden. Die abendländische Zivilisation hat die sokratische Regel, alles von allen frei hinterfragen zu lassen, nie übertreten, ohne schweren Schaden davonzutragen. Doch auch diese Regel hatte ihren Preis: Sokrates wurde zum Tode verurteilt.

6. Ein Glaube, der die bescheidene philosophische Vernunft ignoriert oder mißbraucht, läuft Gefahr, der nackten Gewalt in die Hände zu fallen. Die Alternative Vernunft-Glaube stellt nicht die eine Religion der anderen, sondern jede Religion sich selbst gegenüber. Der Appell der Selbsterkenntnis verweist nicht auf vergangene und überholte Entscheidungen, sondern auf Fragen von brennender Aktualität. Das, was wir heute unter dem Eindruck von Islam und Islamismus als ein „Wiedererwachen" der Religionen oder als „Rückkehr" des Glaubens bezeichnen, ist das genaue Gegenteil. Der Islam ist sozusagen Opfer einer Entführung, einer feindlichen Übernahme: Seine aufrichtigsten Überzeugungen werden von einem entsetzlichen Todeskult beschlagnahmt und mißbraucht. Das europäische Christentum hat im 20. Jahrhundert ein ähnliches Schicksal erlitten. Und das gleich zweimal. Zunächst im Ersten Weltkrieg, als die Soldaten in der Überzeugung in den Krieg zogen, daß Gott auf ihrer Seite wäre. Denken Sie nur an Berlin 1914: Am Brandenburger Tor wird die Kriegserklärung bekanntgegeben, und das Volk stimmt nicht etwa „Deutschland über alles", sondern einen von Johann Sebastian Bach vertonten Lutherchoral an. Umgekehrt stößt Benedikt XV., als er mitten im Krieg zu einem Waffenstillstand aufruft, auf die heilige Union der verfeindeten Brüder: der katholischen Bischöfe Deutschlands, Frankreichs und Belgiens, die sich ihm entgegenstellen. Zweite Erfahrung: das Schweigen und die Ohnmacht der Christenheit angesichts der nationalsozialistischen Barbarei.

7. Das Unglück in der jüngeren europäischen Geschichte beruhte vor allem auf einem zweifachen Fehlverhalten: daß man im Namen Gottes tötete und daß man die Augen verschloß. Ein solcher mörderischer und selbstmörderischer Nihilismus wütet auch jetzt wieder auf unserem Planeten. Heute wie gestern leisten Gerechte, Helden und Heilige Widerstand, und häufig sind es einfache Bürger. Sie verkünden, daß ein Glaube, der sich von der Vernunft loslöst, um sich alles zu erlauben, das heißt zu tun, was ihm beliebt, sich im Grunde genommen einem Glauben entgegenstellt, der die Vernunft mit ihren Zweifeln und Verboten liebt. Die Notwendigkeit, Glaube und Vernunft miteinander zu verknüpfen, die Benedikt XVI. und Johannes Paul II. uns so nachdrücklich in Erinnerung rufen, ist auch den anderen Konfessionen nicht entgangen. Immanuel Kant hat die Frage der Intoleranz in dieselben Worte gefaßt wie Manuel II.: „Daß einem Menschen seines Religionsglaubens wegen das Leben zu nehmen unrecht sei, ist gewiß [...]. Daß aber Gott diesen fürchterlichen Willen jemals geäußert habe, [...] ist nie apodiktisch gewiß.“[4] Diesem Gewissenskonflikt mißt der Philosoph allergrößte Bedeutung bei. So bezieht er sich an anderer Stelle auf das Opfer, „das Abraham auf göttlichen Befehl durch Abschlachtung und Verbren-

[4] *Die Religion innerhalb der Grenzen der bloßen Vernunft,* 1793, 4. Stück, 2. Teil, § 4, Ausgabe der Preußischen Akademie der Wissenschaften, Berlin 1902 ff., Bd. VI, S. 186–187.

nung seines einzigen Sohnes [...] bringen wollte", und antwortet an Abrahams Statt: „Daß ich meinen guten Sohn nicht tödten solle, ist ganz gewiß; daß aber du, der du mir erscheinst, Gott sei, davon bin ich nicht gewiß und kann es auch nicht werden"[5]. Kierkegaard dagegen ergreift Partei für den Glauben, der mit einer in seinen Augen allzu vernünftigen Vernunft gebrochen hat – ganz als ob der, der eine Stimme hört und sich zum Kindesmord berechtigt fühlt, nicht Gefahr liefe, sich selbst zu betrügen. Weit davon entfernt, eine improvisierte Reaktion auf die aktuelle Situation oder sogar, wie gesagt worden ist, eine Provokation zu sein, rührt die Regensburger Vorlesung an die tiefsten Tiefen des biblischen Texts und die Abgründe des Denkens der drei Buchreligionen.

8. Wer im Namen Gottes tötet, glaubt an Gott oder glaubt nicht an Gott. Wenn er an ihn glaubt, macht er sich zum Vorkämpfer einer willkürlichen und irrationellen Macht; er verwechselt Gott mit Typhon und erlaubt sich alles. Wenn er nicht an Gott glaubt, tötet er die Vernunft in sich selbst und macht sich zu einem Typhon, der sich keine Grenzen setzt. In beiden Fällen geht mit dem Vergessen der Vernunft im Himmel und auf Erden jeglicher Unterschied zwischen dem Zorn von oben und dem Zorn von unten verloren,

[5] *Der Streit der Fakultäten*, 1799, AA VII, S. 63.

werden Mensch und Gottheit einander hochfahrend gleichgesetzt und die Möglichkeit, Gut und Böse zu unterscheiden, zunichte gemacht. Die Literatur des 19. Jahrhunderts – vor allem die russische – hat diese Sackgasse einer endgültigen Aufhebung aller Verbote schon längst erforscht, in die sich nun mit gesenktem Haupt die Besessenen des 20. und 21. Jahrhunderts scharenweise hineinstürzen.

II. ATHEN MIT JERUSALEM

Zutiefst geht es dabei um die Begegnung zwischen Glaube und Vernunft, zwischen rechter Aufklärung und Religion.[6]

1. Was hat man sich unter dieser Vernunft vorzustellen, mit der der Glaube sich verbünden oder sogar eine „Symbiose" eingehen will? Der Bezug auf den griechischen Logos schließt zwei geläufige, doch zu kurz greifende Auffassungen aus. Einerseits geht es nicht darum, einer bloß wissenschaftlichen Vernunft zu huldigen; die für das 20. Jahrhundert so typische Kontroverse zwischen Szientismus und Fideismus ist im wesentlichen überwunden. Andererseits kann

[6] BENEDIKT XVI., Ansprache an die Vertreter aus dem Bereich der Wissenschaften in der Aula Magna der Universität Regensburg (12. September 2006), § 6 (S. 19 in diesem Buch).

der Common sense, der gesunde Menschenverstand, den jede Kultur in sich trägt und der natürlich notwendig ist, nicht genügen; er wird dem besonderen Charakter und der universalen Tragweite, die den biblischen Glauben mit dem griechischen Fragen verbindet, nicht gerecht. Wie schon die Enzyklika *Fides et ratio* herausgestellt hat, zeugen die Weisheitstexte der Bibel und die Septuaginta von der einzigartigen Begegnung zwischen Jerusalem und Athen. Und dasselbe gilt für den Weg des Paulus, der „allen alles" sein wollte: Jude bei den Juden und Grieche bei den Korinthern (1 Kor 9,20–22).

2. Der griechische Logos wird als die Fähigkeit definiert, etwas über etwas auszusagen. Dabei geht es um ein Sagen im eigentlichen Sinn, das imstande ist, die Wahrhaftigkeit dessen, wovon es spricht, in Frage zu stellen, worin es sich als *logos apophantikos,* behauptendes Wort, Wahrheitsprinzip erweist. Der Logos sagt das, was ist, als Seiendes, und das, was nicht ist, als Nicht-Seiendes aus. „Nicht jede Rede *(logos)* ist apophantisch, sondern nur die, in der das Wahre und das Falsche wohnt, was nicht immer der Fall ist; so ist das Gebet *(eukê)* eine Rede, aber weder wahr noch falsch".[7] Als „Gebet" bezeichnen die Menschen der Antike die Gesamtheit der Aussagen, die nur dadurch bestehen,

[7] Aristoteles, *De interpretatione,* IV, 17a.

daß sie ausgesprochen werden (und die man heute „performativ" nennen würde), und nicht dadurch, daß sie etwas enthüllen (wie die feststellenden oder hinweisenden Aussagen, die wahr oder falsch sind). So besteht der Wert eines Glaubensakts entweder im reinen Akt (reine Performanz) oder in dem, wozu er sich bekennt. Und nur in diesem zweiten Fall kann sich die Vernunft einschalten und versuchen, Wahres und Falsches zu entwirren. In dem (unter Ziffer I,7 erwähnten) Beispiel Abrahams siedelt Kierkegaard den Glauben auf der performativen Seite der reinen Vorführung an, während er Kants Auffassung zufolge apophantisch ist, das heißt mit Fug und Recht (Realität oder Fiktion?) hinterfragt werden kann.

3. Indem der Glaube eine „enge Beziehung" zum *logos apophantikos* eingeht, tritt er das Erbe der sokratischen Bemühungen an, „den Mythos zu überwinden und zu übersteigen".[8] Weder Gott noch die Sterblichen werden von nun an den ungezügelten Hammer eines Typhon zu spüren bekommen; jede von oder an der Menschheit verübte Gewalt muß auf ihre Authentizität oder Nichtauthentizität, ihren guten oder schlechten Glauben hin befragt werden. Wer im Namen Gottes tötet, kann – ebenso wie der Antichrist aus dem Zweiten Thessalonicherbrief (2,6) – in Schach

[8] Benedikt XVI., *op. cit.*, § 6

gehalten werden. Die hinterfragende Weisheit, die eher abratende als überredende Macht, der „Dämon" des Sokrates, der sich lediglich in Zurückhaltung übt, symbolisiert die Solidarität der weltlichen und geistlichen Wächter am Rande des Abgrunds.

4. Der apophantische Ansatz rüstet die Wehrlosen, die Schwachen, die Gedemütigten und Gekränkten mit der Fähigkeit aus, dem Schrecken in der Welt und in jedem Einzelnen von uns ins Gesicht zu sehen. „Wie viele Divisionen hat der Papst?" fragte Stalin. Binnen eines halben Jahrhunderts lieferten die Völker Mittel- und Osteuropas ihm die Antwort, als sie das totalitäre Regime stürzten und die marxistische Ideologie zerpflückten. Das Geheimnis der noch unvollendeten Wiedervereinigung des alten Kontinents liegt in der „Macht der Machtlosen" (Václav Havel).[9] In ihrem solidarischen Kampf gegen das Schlimmste erfanden die einfachen Bürger ein unvorhergesehenes Heldentum und überwanden die jahrhundertealten Gräben, die sie in politischer, ideologischer und sogar religiöser Hinsicht trennten. Die Freiheitskämpfer gaben dem Monster, dem sie Widerstand leisteten, dieselben Namen. Auf katholischen, orthodoxen, protestantischen, jüdischen und agnostischen Lippen bezeich-

[9] Vgl. Jiří Gruša und Václav Havel, *Die Macht der Mächtigen oder Die Macht der Machtlosen*, Klagenfurt 2006.

nete das Codewort GULAG ein und denselben Greuel sowie die Notwendigkeit, ihm entgegenzutreten. Die russische Dissidentenbewegung, die Gewerkschaft Solidarność, die Charta 77, die ungezählten und oft unbekannten Einzelinitiativen beweisen, wie sehr die Einheit in der Wahrheit des Glaubens und der apophantischen Vernunft, des leuchtenden Zeugnisses und des kühnen Engagements die Karte Europas und das Schicksal der Welt verändert hat. Die Regensburger Vorlesung stützt sich implizit auf dieselbe Kraft, die den Eisernen Vorhang gehoben und die Berliner Mauer niedergerissen hat.

5. Niemals ist es Europa gelungen, sich um ein gemeinsames, einziges und unstrittiges höchstes Gut zu scharen. Selbst auf seinem christlichen Höhepunkt war es in zwei verschiedene Gottesdienstauffassungen – den römischen und den griechischen Ritus – gespalten. Zuvor kannten die griechische und die römische Zivilisation, wie uns Plutarch und Varro berichten, mehrere hundert Vorstellungen vom höchsten Gut, deren jede in ihrem kleinen Bereich diese oder jene Stadt, Partei oder Sekte mobilisierte. Die modernen Zeiten haben eine ähnliche Zerstreuung der Werte und Ideale erlitten, die manche dazu veranlaßt hat, den „Kampf der Götter" (Max Weber) zu bejubeln. Und doch muß man die Prioritäten lediglich umkehren, um zu entdecken, daß der alte Kontinent sich in der Frage nach dem größten Übel oft einig gewesen ist. Oder trifft es nicht zu, daß die Litaneien

aus mehr als tausend Jahren den Herrn immer wieder angefleht haben, uns von den drei schlimmsten Plagen zu befreien, die immer und überall dieselben sind: der rohen Gewalt (dem „Krieg“), der vernichtenden Bedürftigkeit (der Hungersnot) und dem Zerfall jeder körperlichen und natürlichen Ordnung (der Pest)? Noch heute setzen Wohlfahrtsstaat und soziale Marktwirtschaft sich das Ziel, ebendiese Übel in ihrer aktualisierten Form auszumerzen. Wieder einmal vermag nur die hellsichtige (apophantische) Einschätzung der Gefahren, die der Allgemeinheit drohen, aufrichtige Politiker und Menschen des Glaubens an einen Tisch zu bringen.

6. Anders, als es die selbsternannten aufgeklärten Meinungen in den letzten Jahrhunderten verkündet haben, hat der Respekt vor der Vernunft keineswegs eine gewaltsame Fortschrittsgläubigkeit zur Folge. Die apophantische Herangehensweise ist nicht zu Erbauung oder Trost, sondern dazu berufen, die Dinge, so wie sie sind, beim Namen zu nennen. Und wenn die aktuelle Situation in die Katastrophe führt, kann sie sie nur katastrophal nennen. Selbst in der äußersten Not bleibt die Vernunft eine Zuflucht: „Der Mensch ist nur ein Schilfrohr, das schwächste der Natur; aber er ist ein denkendes Schilfrohr.“[10] Warum

[10] Pascal, *Pensée* 347, Ed. Brunschvicg.

eine Zuflucht? Weil die Menschen selbst in den Verstrickungen des Irrtums und in ihrer Bestürzung angesichts des Grauens noch immer, wenn auch nicht ohne Mühe, in der Lage sind, den Irrtum und das Grauen als solche zu benennen. Um erneut Pascal zu zitieren: „Man wird es für böse halten, einen Menschen zu töten; ja, denn wir kennen das Böse und Falsche gut. Aber was wird man für gut halten?“[11] Der Glaube glaubt, die Vernunft weiß. Der Glaube glaubt an das Gute. Die apophantische Vernunft weiß um das Böse. Sie ergänzen einander, und wäre es auch nur, wie der Skeptiker sagen wird, eine Hochzeit des Blinden mit dem Lahmen. Selbst in dieser Hinfälligkeit sind unsere beiden Zufluchten in der Lage, uns zwar nicht für das Beste, aber immerhin gegen das Schlimmste zu verbünden. Eine Hierarchie der Plagen ist nicht außerhalb unserer Reichweite, denn „wir kennen das Böse und Falsche gut“. Auf der Schulter des gläubigen Menschen muß Minervas wachsame Eule sitzen, die im Dunkeln sieht und durch unsere Nächte fliegt.

[11] Pascal, *Pensée* 385, Ed. Brunschvicg.

III. GEGEN DEN NIHILISMUS

Der Nihilismus ist, ehe er noch im Gegensatz zu den Ansprüchen und Inhalten des Wortes Gottes steht, Verneinung der Humanität des Menschen und seiner Identität.[12]

1. Von Regensburg hallt der Appell wider, in einer Situation äußerster geistiger Not eine gemeinsame – und einheitliche – Front zu bilden. Der jahrhundertealte Streit zwischen Glaube und Vernunft hat eine zweifache Pathologie hervorgerufen, von der sowohl die letztere als auch der erstere betroffen ist. Die wichtigsten Symptome der europäischen Krise, die zu einer weltweiten geistigen Krise geworden ist, waren bereits in *Fides et ratio* aufgelistet worden. Das deutlichste und gefährlichste Ergebnis der derzeitigen Erschütterung ist der Nihilismus. Er ist eine doppelte und gemeinsame Niederlage, die das logische Denken und die Glaubensüberzeugungen gegen eine aktive Gewalt, die sich alles erlaubt, und gegen passive und snobistische Meinungen erlitten haben, die nichts mehr schockieren kann. Die Zeiten sind vorbei, da die Kirche sich an einer allgegenwärtigen, besitzergreifenden und selbstverliebten Vernunft

[12] JOHANNES PAUL II., Enzyklika *Fides et ratio* (14. September 1998), Nr. 90.

gestoßen hat, im Gegenteil: Heute erwächst die Gefahr aus einer Vernunft, die sich für schwach hält, auf ein Begreifen der Wirklichkeiten verzichtet und ihren apophantischen Tugenden nachtrauert. Letztlich sündigt die Vernunft nicht mehr aus Überheblichkeit, sondern aus selbstmörderischer Entsagung und sät unter den Postmodernen einen Haß gegen das Denken aus. Vor dieser „Misologie" hatte schon Sokrates gewarnt,[13] auf den sich die Regensburger Vorlesung hier ein weiteres Mal beruft.

2. Diese moderne Euthanasie der Vernunft kann dem Glauben keinerlei Nutzen bringen, wie Benedikt XVI. ausdrücklich betont. Sie öffnet im Gegenteil dem herrschenden Nihilismus Tor und Tür. Wenn eine dringende und zwingende Vernunft nicht mehr in Mode ist, gerät ihre Nachfolgerin, die ihre Überheblichkeit, aber auch all ihre Kühnheit verloren hat, in den Sumpf der falschen Bescheidenheit. Weil sie sogar auf ihre kritische Universalität und ihren beirrenden „Dämon" verzichtet, wagt sie es nicht mehr, das Falsche als falsch und das Böse als böse zu brandmarken. Die Geschmäcker sind eben von Natur aus verschieden, so lautet ihr Credo; sie fragt nicht nach den wesentlichen Tabus der Kulturen und bereitet so den Weg für den Typhon in uns und um

[13] Vgl. PLATON, *Phaidon* 89c–91c.

uns herum. Spätestens seit Baudelaire haben unsere Zeitgenossen gelernt und sollten wissen, daß die letzte List, zu der der Teufel greift, die Behauptung ist, daß er nicht existiert. Wenn man sich anschickt, das zu vergessen, bringen sich die verschiedensten totalitären und mörderischen Versuchungen wie ein Stachel wieder in Erinnerung. Eine Vernunft, die es sich versagt, auszusagen, versagt es sich auch, anzuklagen, und kapituliert vor der Willkür.

3. Natürlich klagt jede Konfession darüber, daß die anderen ihre Ideale und ihre Vision vom höchsten Gut nicht teilen. Die europäische Vernunft hat lange Zeit von der Vielfalt der Gottesdienste und dem daraus resultierenden Relativismus profitiert, der ihr die Möglichkeit gab, sich selbst anstelle des Glaubens zur ordnenden Instanz und zur absoluten Religion zu erheben. Das war das Ziel des deutschen Idealismus im 19. Jahrhundert und seiner Epigonen und Nachfolger. Unter dem Vorwand, eine allzu „negative", weil hinterfragende und sokratische Philosophie zu überwinden und eine „positive" und genügsame Weisheit zu vertreten, erklärten die einstigen „Wächter des Nichts" sich noch vor Heidegger selbst zu „Hirten des Seins". Angefangen bei Platons Zusammenarbeit mit Dionysius, dem Tyrannen von Syrakus, bis hin zu den schlimmsten Ruchlosigkeiten der Zeloten Lenins, Stalins oder Hitlers hat der transzendentale Stolz, der Glaube und Vernunft in einem einzigen Happen verschluckt, uns von einer Katastrophe in die nächste

gestürzt. Im 21. Jahrhundert, am postmodernen Ende der großen ideologisch-historischen Erzählungen, gedeiht der Nihilismus in den Wunden der Philosophie und verkündet nicht nur die Relativität der Güter und Werte, sondern, noch radikaler, die Relativität des Bösen. Daher die zwangsläufig kulturalistische und parteiische Willkür unserer Definition des Unmenschlichen. Vergewaltigung – warum nicht? Ethnische Säuberung – warum nicht? Völkermord – warum nicht? Vater und Mutter, Bruder und Schwester töten – *why not?* Der Selbstmord der sokratischen Vernunft gebiert Ungeheuer.

4. „Töte deinen Nächsten wie dich selbst!“ Unbekümmert überschreitet die nihilistische Aufforderung die geographischen und geopolitischen Grenzen. Von diesem Moment an deckt sie das gesamte Spektrum der möglichen Gewalttaten ab. Die Massaker an den Unschuldigen nehmen überhand. Die Bedrohungen vervielfachen sich: vom Selbstmordattentat, das als die „Atombombe des armen Mannes“ sanktioniert wird, bis hin zu den Massenvernichtungswaffen in den Händen von Akteuren, die aus ihrer Verantwortungslosigkeit keinen Hehl machen. Im 20. Jahrhundert waren die technische Fähigkeit, den Untergang der Menschheit herbeizuführen (Hiroshima), und die mentale Fähigkeit, ohne Skrupel ins Fleisch zu schneiden (Auschwitz), noch voneinander geschieden. Hitler hat die Bombe nie besessen, und die Amerikaner, die sie gebaut hatten, um gegen ihn zu kämpfen, vertra-

ten keine Ideologie des Todes. Selbst Stalin, zutiefst erschüttert über den Beinahe-Zusammenbruch seiner Macht 1941, hat es nicht gewagt, die beiden Tabus der Beirrung zu brechen. Das ist der Grund dafür, daß der Kalte Krieg kalt geblieben ist.

Diese beiden Verbote, die zu Zurückhaltung und Vorsicht rieten, sind heute immer weniger imstande, die rasenden Krieger zu zügeln. Die Erinnerung an Hiroshima verblaßt, das Gedenken an Auschwitz wird geleugnet oder banalisiert. Die Wahrnehmung des Bösen wird verlacht. Zwischen den terrorismusfördernden Staaten einerseits, die sich durch den Besitz der absoluten Waffe unantastbar fühlen, und den gesetz- und skrupellosen terroristischen Organisationen andererseits webt ein allgemein verbreiteter Nihilismus ein pathogenes Netz. Vernunft und Glaube müssen sich gemeinsam einer neuen Herausforderung stellen: Der Nihilismus verwandelt Tatkraft in Zerstörungskraft und Machtwillen in den Willen, anderen Schaden zuzufügen.

5. Die Religion braucht eine autonome Vernunft, die nicht versucht, sie zu ersetzen. Während sie in einem Gebiet, das ganz und gar ihrer Gesetzgebung untersteht, nämlich dem der göttlichen Tugenden (Glaube, Hoffnung und Liebe), eine leitende Funktion ausübt, kann die Religion im eher weltlichen Bereich der sogenannten Kardinaltugenden enger mit der Vernunft zusammenarbeiten. Zu diesen gehört auch der Mut, der nicht nur darin besteht, die „goldene Mitte" zwi-

schen Feigheit und Leichtsinn zu treffen, sondern, wie Aristoteles hervorhebt *(Nikomachische Ethik),* vor allem darin, mit Hilfe der apophantischen Vernunft die Gefahren zu verachten. Die „negative“ Universalität des Sokratismus öffnet die universale Schatzkammer der Kardinaltugenden, in deren Namen sich die Menschheit an allen Fronten der Unmenschlichkeit entgegenstellt.

Der Nihilismus bemüht sich, das Böse unsichtbar, unsagbar und undenkbar zu machen. Gegen eine solche geistige und weltweite Verheerung fordert die Regensburger Vorlesung „den biblischen Glauben“ und „das griechische Fragen“ in die Schranken, um ohne Vorbehalt ein Bündnis zu erneuern, von dem ich mir wünsche, daß es endgültig und siegreich sein möge.

Paris, im Januar 2007

GEWALT: RATIONALITÄT UND VERNÜNFTIGKEIT

SARI NUSSEIBEH

I.

Der Einfluß des griechischen Erbes (Hellenismus) auf die menschliche Zivilisation ist ebenso unauslöschlich wie unbestreitbar. Ein wesentlicher Bestandteil dieses Erbes ist der systematische Einsatz der Vernunft im Streben nach – theoretischer und praktischer – Erkenntnis: ein Herangehen an den Versuch, die Welt zu verstehen und zu handhaben, das zuweilen (im Unterschied zu „mythisch") als „rational" oder „rationalistisch" bezeichnet wird. Im 8. und 9. Jahrhundert, als die islamische Welt sich entfaltete und Theologen unterschiedlicher Schattierung damit begannen, die einzigartigen Qualitäten des Offenbarungswissens zu rühmen, das der Welt mit dem Heiligen Koran geschenkt worden war, entwickelte sich eine Debatte über den Stellenwert oder Rang der beiden Arten des Wissens, die nun miteinander zu „wetteifern" schienen: des rationalen und des offenbarten. Bedeutungen von Begriffen wie „rational" und „Erkenntnis" mußten ernsthaft und eingehend analysiert werden. Konnte man eine offenbarte Wahrheit oder Erkenntnis für nicht rational halten? Schloß der Glaube die Vernunft grundsätzlich aus? Oder andersherum gefragt: Konnten Wissensdinge auf Glaubenssätzen basieren? Konnte die Theologie selbst als „wissenschaftliche" Disziplin betrachtet werden, die Wissen beinhaltet? Oder war sie lediglich eine Sammlung von Legenden?

Ibn Chaldun († 1406) unterschied zwischen den, wie er es nannte, „rationalen" und den „überlieferten" Wissenschaften *(ulum)*[1]. Als „überliefert" bezeichnete er alle „Wissenschaften", die auf die offenbarte Religion bezogen werden können, wie etwa Grammatik, Rechtslehre und Theologie. Und „rational" nannte er alle Wissenschaften, die *in letzter Instanz* von der Vernunft abhängig sind, wie die Natur- oder die Geisteswissenschaften (einschließlich der Gesellschaftswissenschaften, für deren Erfinder er sich hielt). Er ging jedoch nicht so weit, aufgrund dieser Unterscheidung (etwa zwischen Physik und Metaphysik oder zwischen Medizin und Theologie) die Forschung in einen wissenschaftlichen und einen unwissenschaftlichen Bereich einzuteilen. In dieser Hinsicht hätte er es – und Ähnliches ergibt sich auch aus den Äußerungen Sei-

[1] Dieses Nomen, das im Singular *„ilm"* heißt, bezeichnet typischerweise ein Wissenskorpus – im Unterschied zu dem Adjektiv *„aqli"*, das hier ein *Mittel* beschreibt, einen Gegenstand des Wissens zu erklären / zu rechtfertigen.

ner Heiligkeit des Papstes an der Regensburger Universität – nicht für Blasphemie gehalten, daß an einer Universität, die sich dem Studium der Wissenschaften widmet, auch – und das gleich an zwei Fakultäten – theologische Forschungen betrieben werden. Und es wäre ihm auch nicht eingefallen anzudeuten, daß das Betreiben der überlieferten Wissenschaften eine nicht-rationale, irrationale oder vernunftlos ausgeübte Tätigkeit ist. Der entscheidende Unterschied zwischen den rationalen und den nicht-rationalen Wissenschaften liegt, wie Ibn Chaldun es darstellt, eher und einzig und allein darin, daß die nicht-rationalen Wissenschaften seiner Ansicht nach an die Lehrsätze der offenbarten Religion gebunden sind, während die rationalen Wissenschaften auf keine Art von Dogma Rücksicht nehmen müssen. Die einzigen Grenzen, die sie zu respektieren haben – wenn man sie denn überhaupt als „Grenzen“ bezeichnen kann –, sind die Grundsätze der Vernunft. Die Unterscheidung zwischen den beiden Disziplinen liegt also nicht so sehr in ihrer Methodik als vielmehr in den Ursprüngen und dem Stellenwert ihrer ersten Prinzipien. Dieser Auffassung zufolge können Theologen ausgezeichnete Polemiker, Philologen, Historiker oder sogar Sophisten sein, jedoch niemals zu Philosophen „aufsteigen“, denn allein dadurch, daß sie dies tun, würden sie ebenjene Glaubensgrundsätze übertreten und damit von sich weisen, die sie zu dem machen, was sie sind.

So lange man sich nicht fragt, ob das Gebäude der Wissenschaft tatsächlich auf *a priori* bestehenden rationalen Prinzipien oder Wahrheiten gründet, mag Ibn Chalduns Unterscheidung soweit harmlos und auch recht klar erscheinen:[2] Wenn man von der Frage absieht, wie man zu seinen „ersten Prinzipien" gekommen ist, kann man leicht zeigen, daß ein „rationaler" oder „systematischer Einsatz der Vernunft" (innerhalb eines deduktiven Rahmenwerks) gleichermaßen auf theologische wie physikalische Prinzipien anwendbar ist. Schwierig wird es jedoch dann, wenn man beginnt, die Lehrsätze (Behauptungen über die Welt) der einen „Wissenschaft" mit denen der anderen zu vergleichen – was selbst in dem mittelalterlichen Umfeld, dem Ibn Chaldun angehörte, häufig geschah. Wie wörtlich sind beispielsweise die Koranverse zu nehmen, die das Paradies beschreiben oder erklären, worin die Freuden des jenseitigen Lebens bestehen? Philosophen (z. B. Alfarabi, † 950) und Sufis (z. B. Ibn Hazm, † 1064, oder Avempace, † 1138), die in der islamischen Welt schrieben und sowohl Platons Höhlengleichnis als auch exotischere „orientalische"

[2] Die klassische Unterscheidung zwischen *episteme* (Wissen) und *doxa* (Meinung) kann ausgeweitet werden, indem man einen Unterschied zwischen den Arten apriorischer Wahrheiten wie etwa die kantianische Unterscheidung zwischen analytisch und synthetisch postuliert. Doch die Klarheit dieser Unterscheidung zwischen zwei Arten von Glaubenskorpora ist angezweifelt worden – unter anderem mit der Begründung, daß, sofern ein Agens gegeben ist, eine notwendige Bedingung dafür, eine Aussage als wahr zu erkennen, darin besteht, daß sie für wahr gehalten wird.

Bilder kannten, nahmen ihre Zuflucht häufig zur Verschiedenheit der jeweiligen Zuhörerschichten (und ihrer mentalen oder kognitiven Fähigkeiten) und den entsprechend unterschiedlichen Sprachen oder „Ordnungen", in denen die verschiedenen Lehrsätze vertreten oder vorgebracht werden, wenn es darum ging, offensichtliche Unstimmigkeiten zwischen der Realität und ihrer Darstellung oder zwischen verschiedenen Behauptungen über die Welt zu erklären. Averroës († 1198) beispielsweise wurde *inter alia* für seine sogenannte Theorie der „doppelten Wahrheit" berühmt: zum einen die Wahrheit, die die Philosophen in der Sprache der Logik und Vernunft äußern, und zum anderen die Wahrheit, die die Allgemeinheit in der Sprache der Allegorie und Religion zum Ausdruck bringt. Deshalb, so hätte Averroës argumentiert, kann der Eindruck entstehen, daß Grundsätze der Vernunft und Grundsätze des Glaubens einander widersprechen – aber nur dann, wenn man sie so betrachtet, als ob sie derselben Kategorie angehörten. Betrachtet man sie dagegen innerhalb ihrer je eigenen Kategorie, löst sich der Widerspruch unverzüglich auf. Sufis wie Ibn Tufail († 1185) oder auch Avempace akzeptierten ihrerseits zwar die von den Philosophen unterschiedenen Kategorien, waren jedoch der Ansicht, daß ihre eigenen (mystischen) Wahrheiten (eher als die der Vernunft) den höheren Ebenen der Wirklichkeit angehörten (oder höhere Ebenen der Erkenntnis dieser Wirklichkeit repräsentierten). Anders als für die Philosophen übersteigt die Wahrheit für sie ohnehin jegliche Sprache, von der sie deshalb niemals erfaßt werden kann. Bedeutungen, die von der Sprache erfaßt werden, sind zwangsläufig – das heißt per definitionem – verkümmert oder verschnitten. Typischerweise ist es die poetische oder allegorische, oder besser noch, die reine und rational unverfälschte mystische Erfahrung, die uns dem Verständnis Gottes näherbringt. Bekanntlich vertraten muslimische Mystiker in Anlehnung an Platons Höhlengleichnis die Auffassung, daß weit jenseits der fortgeschrittenen Lichtwahrnehmung der Philosophen eine kognitive/ontische mystische Ebene der Vereinigung mit diesem Licht existiert, auf der der Wahrnehmende als Subjekt in einer Art epistemischem Nirwana zum eigentlichen Objekt der Wahrnehmung *wird.* Aus diesem Grund – oder in diesem Sinne – lehnt es (der in der Vorlesung des Papstes zitierte) Ibn Hazm ab, Gott (das heißt die Art, wie *wir* unser Wissen über ihn artikulieren) an die menschliche Vernunft zu „binden".[3] Zwar trifft es zu, daß Ibn Hazm auch ein

[3] Eine andere intellektuelle Schule des Islam, die es ebenfalls ablehnte, Gott an die menschliche Vernunft zu „binden", waren die ascharitischen Theologen (Gegner der Mu'taziliten): Eine ganze Debatte zwischen diesen beiden theologischen Schulen der islamischen Welt kreiste um die Frage, ob Gott zum Beispiel ungerecht sein kann oder nicht. Wenn Gottes Wesen Gerechtigkeit ist, wie die Vernunft sagt, kann er nicht ungerecht handeln. Wenn er aber allmächtig ist, wie der Koran sagt, kann er natürlich ungerecht handeln, obwohl er sich entscheiden wird / würde, dies nicht zu tun.

„Literalist“ ist, der es ablehnt, im geschriebenen Text des Korans verschiedene Bedeutungsebenen zu akzeptieren. Doch sein Literalismus ist Ausdruck seiner Mißbilligung des diesbezüglichen Gezänks der Sprachforscher und Rechtsgelehrten und, ganz so wie in seinem Glauben an das, was *jenseits* des Textes liegt, in seinem Fall auch jener „Gebundenheit“ von Subjekt und Objekt, die nur durch Liebe entdeckt/erworben werden kann. Obwohl die Vorlesung des Papstes diesen Ansatz als ein islamisches Negativbeispiel für den Antirationalismus angeführt hat, handelt es sich nachweislich einfach um eine für Ibn Hazm typische (nicht-rationalistische oder mystische) Herangehensweise, die beispielsweise zu Hilfe genommen werden darf, um sperrige und andernfalls für die Vernunft unfaßbare Vorstellungen zu erklären – wie etwa die von der Dreifaltigkeit oder die, daß der Teil (ein endliches menschliches Wesen) in der Lage ist, das Ganze zu werden (die Unendlichkeit Gottes). Für Ibn Hazm ist es nicht so sehr die Vernunft (wie für Alfarabi oder Averroës), sondern die Liebe, die die Welt regiert! Doch ob es nun die Vernunft *(Logos)* oder die Liebe *(Eros)* ist – die Wurzeln des Hellenismus (sei er nun vorsokratisch, aristotelisch oder neuplatonisch) sind der intellektuellen Tradition des Islam ebenso unauslöschlich aufgeprägt wie der des Christentums – auch wenn der Papst in seiner Rede implizit unterstellt, daß vor allem das Christentum seinem Wesen nach in einer gewissermaßen grundsätzlichen Art „hellenistisch“ ist.

II.

Natürlich wird, wenn der Hellenismus in einem solch „ehrfurchtgebietenden" Kontext – als Brunnen oder Quelle der Kultur für eine sich entwickelnde menschliche Zivilisation – angeführt wird, üblicherweise der eine helle Lichtstrahl in einem Teppich menschlicher Geschichte herausgestellt, der ansonsten sehr dicht verwoben ist und auch zahlreiche dunkle oder fadenscheinige Stellen aufweist. Unsere Ehrfurcht vor dem Hellenismus macht uns nicht blind für seine Schattenseiten. Schließlich kennen wir die intellektuellen Höhenflüge eines Thukydides mit seinem fortschrittlichen Verständnis der menschlichen Natur ebensogut wie die Gewalttätigkeit und Barbarei der Griechen, die derselbe Thukydides in seinen Schriften beklagt. Doch wir schöpfen unsere Inspiration eindeutig nicht aus den von athenischen Soldaten begangenen Massakern (oder Thukydides' eigener Arbeit als Armeegeneral), sondern aus den Schriften des Historikers Thukydides und aus den Werken athenischer Philosophen und Gesetzgeber und Architekten und Bildhauer; der Stolz auf unser hellenistisches Erbe pickt sich in der Regel nur den intellektuellen Forschergeist, die kreative Leistung und die Verschmelzung moralischer und logischer Prinzipien heraus, die wir in den pythagoreischen Zahlen und der euklidischen Geometrie, in Gedichten und Syllogismen ebenso finden wie in Bauwerken oder Statuen. Weder vernachlässigen wir die Existenz ähnlich heller Lichtstrahlen in anderen Kulturen und Epochen im Weltgeschichtsteppich (man denke etwa an Indien, China usw.), noch sind wir blind für die anderen Fäden im Gewebe der griechischen Geschichte, die barbarisch und beschämend sind. Und doch scheint gerade und vor allem diese hellenistische „Prägung" des rationalen/kulturellen Motivs in der christlichen Tradition oder der Anspruch einer spirituellen Verwandtschaft oder Übereinstimmung zwischen Hellenismus und Christentum in dreifacher Hinsicht innerhalb der Kirche selbst in die Kritik geraten zu sein. Der Vorwurf: (hellenistischer) Rationalismus sei unvereinbar mit dem Christentum, insofern dieses ja wesentlich ein Glaube ist. Und genau *diese* Kritik (daß das Christentum jegliche Bindung an den Hellenismus oder jeden eventuellen Anschein von Hellenismus aufgeben sollte) bereitet Seiner Heiligkeit offenbar Sorge und soll in seiner Vorlesung hinterfragt werden. Dieses schöne humanitäre Motiv, das typischerweise mit dem Hellenismus identifiziert wird, ist dem Christentum nicht fremd, so versteht der Leser die Argumentation Seiner Heiligkeit, noch ist es ein zufälliges Anhängsel, das irgendein schlecht informierter oder irregeleiteter, von Aristoteles inspirierter Kleriker der Religion im Laufe der Kirchengeschichte hinzugefügt hat, sondern es ist im Gegenteil Ausdruck eines grundlegenden Bestandteils der Kirche und ihrer Botschaft. Und was insbesondere jene abgeklärte Einstellung und mentale Disposition zivilisierter Menschen betrifft, die angesichts von Unstimmigkeiten die Vernunft als Brücke benutzen, um den anderen zu überzeugen, oder ihn tolerieren, wenn er nicht auf rationalem Wege für die eigenen Werte und Überzeugungen gewonnen werden kann, so ist diese natürlich dem Wesen der Kirche eigen und keine Lehre, die aus irgendeiner fremden oder hellenistischen, weltlichen Quelle importiert worden wäre.

In genau diesem Kontext ist, wie ich meine, das Seiner Heiligkeit zugeschriebene leidige Mißverständnis (?) entstanden: In dem Wunsch, den festen Stand (oder die Einzigartigkeit?) des Christentums zu unterstreichen, wird als Kontrast ein Zitat des byzantinischen Kaisers Manuel II. (1391–1425) (aus einer angeblichen Unterredung mit einem Perser) über die gewalttätige Natur des Islam, seine Mißachtung der Vernunft und seine Befürwortung des Krieges (als eines Mittels zur Verbreitung seines menschlichen Reichtums) angeführt. Zumindest zu *diesem* Bild von Religion läßt sich das Christentum leicht in Gegensatz bringen, und *diese* Tradition des Islam (zwischen den Zeilen ahnt man den weiteren Verlauf der Argumentation) weist wahrhaftig keinerlei Verbindung zu irgendwelchen hellenistischen Wurzeln (in dem ganz bestimmten Sinne, der hier gemeint ist) auf, wie der Verweis auf den „antirationalistischen" Muslim Ibn Hazim uns beweisen sollte!

III.

Dieser besondere (und, wenn die Bemerkung erlaubt ist, unnötige) „Exkurs" in den Äußerungen des Papstes hat viele Muslime verärgert und die Aufmerksamkeit unglücklicherweise von der Notwendigkeit abgelenkt, die überaus wichtige unterschwellige Voraussetzung zu verstehen und zu debattieren, auf der die Argumentation des Papstes offenbar beruht und die ausfindig gemacht und diskutiert werden muß: der Anspruch nämlich, daß es ein gegenseitiges Ausschließlichkeitsverhältnis zwischen Gewalt und Vernunft gibt oder daß vernünftig zu sein (oder sich vorrangig von der eigenen zerebralen Verfassung lenken zu lassen) auf eine geheimnisvolle Weise bedeutet, nicht gewalttätig zu sein. Ich werde weiter unten auf diese fragwürdige Prämisse zurückkommen. Indes richtete sich nach der Papstrede die Aufmerksamkeit in bedauerlicher Weise auf eine Art religiösen „Schönheitswettbewerb" – fast so wie in der mittelalterlichen Tradition, aus der der Papst seinen Verweis auf den Austausch zwischen dem Perser und dem Kaiser geschöpft hatte. Natürlich hat die mittelalterliche Tradition vermeintliche Debatten und Auseinandersetzungen zwischen Vertretern konkurrierender intellektueller Positionen (wie die in der Papstrede erwähnte) recht häufig benutzt, um die eine oder die andere dieser Positionen darzulegen und vorzutragen, und deshalb sollte uns ein Verweis auf einen solchen Austausch in der Papstrede (über die Frage, ob der Islam eine friedliche Religion ist) nicht weiter überraschen. In seiner *al-Imta' Wa'l-Mu'anasah* überliefert al-Tawhidi († 1023) eine Unterredung, die wir uns in diesem Zusammenhang vielleicht ins Gedächtnis rufen sollten – und sei es nur, um uns an die Probleme zu erinnern, mit denen sich die muslimische Welt auseinandersetzen mußte, als das hellenistische Erbe allmählich in sie einsickerte. Es handelt sich um ein Gespräch zwischen einem Sprachforscher (al-Sirafi), der die traditionalistische Kultur des Islam „vertritt", und einem Philosophen (Matta – die arabische Form von Matthäus), der die frühen nestorianischen Christen „repräsentiert" – die Nestorianer galten als die Urheber der Übersetzungsbewegung aus dem Griechischen ins Arabische –, das am Hof eines Abbasidenwesirs stattgefunden haben soll. Die Debatte kreist um die Frage, ob es überhaupt nötig ist, die griechischen Wissenschaften (insbesondere die Philosophie) ins Arabische zu übersetzen. Der Sprachforscher ist der Ansicht, daß die Wahrheit nicht von der Sprache losgelöst werden kann; da der Koran als geoffenbartes Wort jedoch das Gefäß aller Wahrheit sei, könne man von dem, was die Griechen zu sagen haben, nichts lernen. Schließlich hätten sie sich lediglich zu der Wahrheit äußern können, die in ihrer Sprache verkörpert ist. Da dies aber nicht die Sprache ist, in der der Koran geoffenbart wurde, würde man gleichsam auf den falschen Baum klettern, wenn man sich mit den Aussagen beschäftigte, die sie im Zuge ihrer Wahrheitssuche getroffen hätten. Ein solches Unterfangen wäre gleich doppelt töricht, denn wenn wir zu diesem Zweck das Griechische ins Arabische übersetzen ließen, würden wir unstimmige Vorstellungen und diese außerdem im amateurhaften Arabisch nestorianischer Priester lesen. Obwohl er sich redlich bemüht, „erweist" sich der Logiker Matta als unfähig, irgendein stichhaltiges Argument zur Verteidigung seines Standpunkts vorzubringen. Sein stärkstes Argument – daß die Wahrheit nicht von einer bestimmten Sprache abhängt und deshalb in jeder Sprache ausgedrückt werden kann – wird nicht in der gebührenden Ausführlichkeit behandelt. Die angebliche Unterredung, die von dem Sirafi-freundlichen Traditionalisten al-Tawhidi niedergeschrieben worden ist, ist letztlich nur eine Karikatur eines mangelhaft Arabisch sprechenden Nestorianers und nicht so sehr ein Protokoll der tatsächlichen Debatte. Doch unabhängig davon, ob das überlieferte Gespräch das Geschehen getreu wiedergibt, spiegelt die Dramatisierung der Debatte etwas anderes wider, das ebenso wichtig oder vielleicht noch weitaus wichtiger ist: die damals aktuelle Frage, ob das arabische Umfeld es nötig hatte, „fremde Gedanken" zu importieren und sich anderen Kulturen und Zivilisationen zu öffnen. Und so gesehen mag man auch annehmen, daß der angebliche Austausch zwischen dem Kaiser und dem Perser (unabhängig davon, ob er genau so stattgefunden hat) in ähnlicher Weise die (berechtigte) Frage mancher Menschen damals und heute widerspiegelt, ob der Islam in erster Linie eine „friedliche" oder „rationale" Religion ist.

Wir wissen heute, daß die erste Frage – obwohl Matta den polemischen Austausch mit Sirafi „verloren" hat – letztlich zum Glück zugunsten der griechischen Wissenschaften entschieden worden ist. Sie wurden vollgültig ins Arabische übersetzt[4] und der arabischen intellektuellen Tradition einverleibt (von wo aus sie dann schließlich auch in den lateinischen Westen gelangten). Trotzdem ist die hellenistische Tradition bis auf den heutigen Tag niemals ganz in den Islam inkulturiert gewesen. Wie Seine Heiligkeit im Hinblick auf die Kirche und ihre internen Kritiker deutlich macht, hat es in beiden Traditionen „Puristen" gegeben – und es gibt sie noch –, die jeden Gedanken kritisch beäugen, sobald sich sein Ursprung nicht wortwörtlich in ihren heiligen Büchern findet. Solche Puristen waren und sind stets ein Ärgernis für Religionen oder Ideologien, die sich selbst nicht als exklusivistisch oder geschlossen, sondern als offen und inklusivistisch verstehen oder darstellen. Bezeichnenderweise ist es jedoch leider die zweite Frage – ob der Islam seiner Natur nach friedlich und rational oder auch nur „zivilisiert" ist –, die in den letzten Jahren in den Köpfen der Menschen Raum gegriffen hat: zuerst, als selbsternannte Muslime

[4] Bei der Übertragung des griechischen Erbes in das muslimische Umfeld spielten frühe Christen eine ähnliche Rolle wie die Juden bei der Übertragung des arabischen Erbes in den lateinischen Westen – was der Vorstellung von einer Diskontinuität zwischen dem kulturellen Erbe dieser Religionen allen Boden entziehen sollte.

die historischen buddhistischen Skulpturen in Afghanistan in die Luft sprengten; dann, als Terroristen mit entführten Flugzeugen die Türme des World Trade Centers in New York im Namen des Islam zur Implosion und zum Einsturz brachten. Schon bald folgten in verschiedenen Teilen der Welt weitere Terroranschläge im Namen des Islam und verliehen der Frage, ob der Islam von Natur aus rational oder gewaltlos ist, in den Köpfen der Menschen großes Gewicht, was auch erklärt, daß in mittelalterlichem Stil auf eine mittelalterliche Erörterung dieses Themas verwiesen wird.

IV.

Unabhängig von der Echtheit der in der Papstrede erwähnten Diskussion – und wir haben bereits gesehen, daß die buchstabengetreue Wahrhaftigkeit solcher Unterredungen fragwürdig ist – und unabhängig von dem, was Seine Heiligkeit wirklich über die Natur des Islam denkt – im nachhinein wurde klargestellt, daß der Papst die dem Kaiser in dieser Hinsicht zugeschriebene Meinung nicht teilt –, sieht sich die muslimische Gemeinschaft doch *de facto* in jedem Fall vor die Herausforderung gestellt, den Islam gegen den (ungerechten) Vorwurf – der nicht auf schriftlichen Lehren, sondern in erster Linie auf entsetzlichen Taten fußt – verteidigen zu müssen, er sei eine von

Natur aus gewalttätige, unzivilisierte und intolerante Religion. Das heißt natürlich nicht, daß andere Religionen von einer solchen Bürde befreit wären. Und außerdem ist da, allgemeiner und weniger auf diese oder jene Religion, sondern darauf bezogen, was Rationalität eigentlich ist, noch jene andere, grundlegendere Frage: ob sich die Hypothese, die der Rede Seiner Heiligkeit unbestreitbar zugrundeliegt, aufrechterhalten läßt – das heißt, ob Vernunft und Gewalt einander tatsächlich ausschließen.

Was den ersten Anklagepunkt betrifft, handelt es sich eindeutig nicht um eine Angelegenheit, die mit Worten – so gelehrt und wissenschaftlich fundiert diese auch sein mögen[5] – bewiesen oder widerlegt könnte, sondern eher um ein Problem, das durch das tatsächliche Verhalten muslimischer Gemeinschaften gelöst werden muß: durch ihre Verhaltenskodizes, ihren Umgang untereinander und mit anderen, ihre

[5] So fragen B. Z. Kedar und M. Abu-Sway beispielsweise in „The Pope As A Dubious Academic Lecturer" (unveröffentlichtes Manuskript), ob die Sure, in der der Koranvers vorkommt (II, 256), zu den in Mekka (wie der Papst andeutet) oder in Medina offenbarten Suren zählt. Die Verfasser weisen außerdem darauf hin, daß das vielzitierte Wort *„jihad"* in Verbindung mit dem Islam im Koran nicht ein einziges Mal in einem kriegerischen Kontext vorkommt, sondern immer eher etwas mit persönlicher Verbesserung zu tun hat. So berechtigt diese Einwände jedoch sein mögen, sind sie doch nicht geeignet, in den Köpfen der Menschen – und vor dem Hintergrund von Taliban, al-Qaida usw. und den Verweisen auf Schriftsteller wie Ibn Taymiyyah – den Verdacht zu zerstreuen, daß der Islam eine irredentistische Religion ist.

Rechtsinstitutionen usw. – mithin durch das Selbstverständnis, das sie sich und anderen vermitteln können. Doch die zweite Herausforderung, die in die Papstrede eingebettet ist, schreit geradezu nach einer konzeptionellen Analyse: Sicherlich sollte es uns möglich sein, auf dem Wege einer konzeptionellen Analyse und einer Untersuchung des betreffenden menschlichen Verhaltens zu entscheiden, ob es tatsächlich zutrifft, daß eine Religion (oder eine Ideologie, um es allgemeiner zu formulieren), deren Grundsätze mit denen der Vernunft übereinstimmen, mit geringerer Wahrscheinlichkeit bereit ist, Gewalt anzuwenden (das heißt aufrichtige Anhänger hat, die, insofern sie Anhänger der betreffenden Religion oder Ideologie sind, mit geringerer Wahrscheinlichkeit gewaltbereit sind). Das nämlich ist meiner Ansicht nach und in der Form, in der sie präsentiert wird, die größere Herausforderung und die intellektuell fragwürdigere Hypothese der Papstrede.

Erlauben Sie mir in dieser Frage, bei der es auch darum zu gehen scheint, was die Begriffe „Vernunft" und „rational" insbesondere im hellenistischen Kontext bedeuten, noch einmal auf die einleitenden Bemerkungen von Ibn Chaldun zu verweisen. Dort haben wir gesehen, daß klar zwischen dem Nomen „Wissenschaft" (das auch die theologischen Disziplinen umfassen konnte) und dem Adjektiv „rational" unterschieden wurde, das sich auf einen ganz anderen Fächerkanon bezieht. Die sogenannten überlieferten Wissenschaften einschließlich der unterschiedlichen theologischen Schulen innerhalb des Islam machten bei der Erklärung und Verteidigung ihrer jeweiligen Lehrsätze einen unbestreitbar vorteilhaften Gebrauch von der Vernunft, und Ibn Chaldun kann sich unmöglich auf diesen Aspekt, das heißt auf den Einsatz der Vernunft als einer Methodik im Streben nach Wahrheit oder in der Verteidigung einer These bezogen haben, als er sie in die Kategorie der nicht-rationalen Wissenschaften einordnete. Tatsächlich bestand sein einziges Kriterium in der Frage, ob diese oder jene Wissenschaft (und beide Arten des Forschens waren, wir erinnern uns, seiner Festlegung zufolge wissenschaftlich) auf potentiell fehlbaren (im Gegensatz zu falsifizierbaren)[6] Voraussetzungen oder auf Voraussetzungen fußte, die die Betreiber der betreffenden Wissenschaft für unfragwürdig oder über jeden Zweifel erhaben hielten (auch wenn sie sie nicht als empirisch falsifizierbar betrachteten). Die rationalen Wissenschaften gründeten auf der menschlichen Vernunft, und die Prinzipien, auf denen sie gründeten, konnten allein schon deshalb, weil die menschliche Vernunft fehlbar ist, immer revidiert werden; wohingegen die überlieferten Wissenschaften auf dem

[6] Der Begriff der Falsifizierbarkeit im wissenschaftlichen Sinn ist natürlich erst im 20. Jahrhundert von Karl Popper eingeführt worden. Dennoch könnten wir ihm eine gewisse „Familienähnlichkeit" mit dem Begriff der Fehlbarkeit zugestehen, der auf der Voraussetzung basiert, daß alles, was menschlich ist, auch falsch sein kann.

Glauben an die offenbarte Wahrheit basierte und die ihnen zugrunde liegenden Prinzipien göttliche Wahrheiten und damit unfehlbar sind.

Obwohl Ibn Chalduns Bemerkungen in erster Linie auf den Islam bezogen sind, kann man davon ausgehen, daß er über jede andere Religion oder jeden anderen Kanon von Glaubensüberzeugungen, die eher auf Offenbarung als auf Vernunft beruhen (das heißt von dieser hervorgebracht wurden), dasselbe gesagt hätte. Doch das ist nicht der springende Punkt oder der Grund für die Entstehung unseres Problems. Denn der Papst behauptet in seinem Vortrag natürlich nicht, daß das Christentum eher auf der Vernunft als auf der Offenbarung *gründet*. Es geht eher, wie wir oben bereits festgestellt haben, um den Anspruch, daß die Grundsätze des Christentums mit den Grundsätzen der Rationalität *übereinstimmen* (und daß in Anbetracht der Tatsache, daß Rationalität und Gewalt sich gegenseitig ausschließen, das Christentum weniger gewaltbereit ist). Averroës' Theorie der doppelten Wahrheit habe ich bereits erwähnt, und es ist äußerst wichtig, sich in diesem Zusammenhang auf sie zu berufen, denn auch er wollte zeigen, daß zwischen Islam und Vernunft Übereinstimmung herrscht. Einfach ausgedrückt lautete seine Argumentation wie folgt: Greifen Sie einen beliebigen religiösen Glaubenssatz heraus. Dieser Satz wird entweder mit der Vernunft vereinbar oder unvereinbar sein. Im ersten Fall wird das Problem, daß Vernunft und Offenbarung einander widersprechen, gar nicht erst entstehen. Im zweiten Fall müssen wir den offenbarten Glaubenssatz neu interpretieren. Und schließlich wird innerhalb des Kanons der geoffenbarten Wahrheiten eine Interpretation gefunden werden, die mit dem entsprechenden Grundsatz der Vernunft übereinstimmt.[7]

Vielleicht verstehen wir Averroës' Versuch, seinen muslimischen Glaubensbrüdern zu beweisen, daß Islam und Rationalismus miteinander in Einklang sind, wenn wir die Existenz eines Umfelds in Betracht ziehen, das dem Studium der „griechischen" oder rationalen „Wissenschaften" potentiell feindselig gegenüberstand. Daß der Islam auf einer offenbarten Wahrheit beruht – so könnte Averroës gesagt haben –, schließt ein vernunftgeleitetes Wissensstreben nicht aus. Man hat von den rationalen Wissenschaften nichts zu befürchten, denn alle Wahrheiten, die sie herausfinden, können niemals den Wahrheiten des Korans widersprechen. Darum aber scheint es dem Papst in seiner Vorlesung nicht zu gehen – nicht einmal dann, als er das hellenistische Motiv im Christentum beschwört. Er macht sich natürlich keine Sorgen um das Fortleben der Wissenschaft in der christlichen Welt. Und

[7] Es gibt eine weit verbreitete Tradition, wonach Averroës (in seinem *Fasl al-Maqal)* versucht habe, Offenbarung und Vernunft miteinander in Einklang zu bringen. Meiner Ansicht nach zeigen die Kommentare hier jedoch eine kluge, aber eindeutige Präferenz: Averroës' Waagschale neigt sich zugunsten der Vernunft, denn immer sind es die Aussagen aus dem Koran, die der Interpretation bedürfen.

er schlägt auch keine Vermählung von Vernunft und Glaube im Sinne von Descartes' rationalistischem Gottesbeweis vor – in der vatikanischen Bibliothek wimmelt es geradezu von solchen „Beweisen". Was dem Papst in einer offenbar gefährlich polarisierten Welt eher am Herzen zu liegen scheint, ist die *Gewalt* oder die Frage, bis zu welchem Grad verschiedene ideologische Akteure auf der Weltbühne friedlich koexistieren und einander respektieren können.

Ein solches Anliegen – eigentlich erübrigt es sich, das zu sagen – unterscheidet sich natürlich deutlich von der Frage, ob die Inhalte der eigenen Religion mit den Grundsätzen der Vernunft vereinbar sind – vor allem dann, wenn wir „Vernunft" oder „Rationalität" schlicht als rechnerisches Geschick oder organisatorische Fähigkeit oder Methodik interpretieren. Doch es scheint, daß gerade dieser Aspekt der „Vernunft" oder „Rationalität" – fraglos unter dem Einfluß der aristotelischen Tradition – in der Argumentation des Papstes hervorgehoben wird – auch wenn diese Facetten sich, wenn überhaupt, nur geringfügig auf den Einsatz von Gewalt auswirken. Tatsächlich gibt es, neutral betrachtet, keinen Grund, das Argument zu unterstützen, wonach Rationalität die Menschen in irgendeiner Weise davon abhält oder abschreckt, Gewalt zu benutzen. Ein beträchtlicher Teil der Theorie der internationalen Beziehungen wurzelt im Gegenteil sogar im Denken so herausragender Gestalten wie Machiavelli oder Clausewitz, die einen natürlichen Zusammenhang zwischen der Fähigkeit zu logischem

Kalkül und dem für das Erreichen eines bestimmten Ziels notwendigen Einsatz von Gewalt postulieren. Zudem findet sich in den traditionellen Theorien über rationale Entscheidungsfindung oder Wahlfreiheit nichts, das den Einsatz von Gewalt zum Tabu erklärt. Kurz: Selbst Mörder (wie die Flugzeugentführer vom 11. September) können strenggenommen rational sein und rational handeln. Schließlich ist das auch der Grund dafür, daß wir sie für ihre Taten zur Verantwortung ziehen. „Rational" bezeichnet nichts anderes als eine Methode, den eigenen Verstand zu gebrauchen, eine systematische Denk- und Handlungsweise, steht jedoch nicht für einen bestimmten Grundstock an Überzeugungen oder Taten oder für eine bestimmte moralische Einstellung. Deshalb muß man sich fragen, ob der Papst wirklich Vernunft oder Rationalität als mentale Fertigkeiten oder nicht eher so etwas wie *Vernünftigkeit* oder intellektuelle Abgeklärtheit als psychologische Disposition oder sittliche Einstellung gemeint hat. Mit anderen Worten: Was der Papst eigentlich sagen wollte – und was in der Tat auch eine vernünftigere Aussage wäre –, ist vielleicht, daß der „Hellenismus" des Christentums letztlich weniger in seiner Rationalität als vielmehr in seiner Vernünftigkeit besteht. Möglicherweise ist es die Vernünftigkeit, die den frommen vom fanatischen Gläubigen oder den Friedenstifter vom Mörder trennt.

V.

Hier also – abseits von der klassischen Debatte über Glaube und Vernunft (Ist Religion im allgemeinen oder diese Religion im besonderen überhaupt rational?) und abseits von Ibn Hazms Brief über die Liebe (Ist der Islam von Natur aus weniger an den Rationalismus gebunden als andere Religionen?) – finden wir einen berechtigten Appell an eine *humanistische* Botschaft in der Religion: eine Botschaft, für die das Christentum *des geschriebenen Texts,* wie Seine Heiligkeit uns verständlicherweise in Erinnerung ruft, bestens ausgerüstet ist. Ein echter Muslim sollte mit dieser Aussage jedoch keinerlei Probleme haben, ganz im Gegenteil: Für ihn oder sie ist das Christentum in diesem buchstäblichen Sinn – und nicht in seiner instrumentalisierten Form als Kriegsvorwand – ein spiritueller Vorläufer des Islam (und sollte den Muslimen auch als solcher in Erinnerung bleiben), und die Tugenden des Christentums werden (und genauso sollte es auch sein) ganz natürlich auf den Islam übertragen. Denn der Islam ist strenggenommen und dem Heiligen Koran zufolge jüdisch-christlich (oder anders ausgedrückt: Das Juden-Christentum ist nichts anderes als der Islam), und zwar insofern, als es vom Standpunkt des Islam aus betrachtet nur eine einzige abrahamitische Religion gibt, die auf verschiedenen Wegen durch die jeweiligen Propheten und Boten offenbart worden ist und durch das Göttliche Wort in Mohammed gipfelte.

Doch das, was uns (Juden, Christen, Muslimen oder was auch immer) als ganz normalen Menschen (und nicht als religiösen Führern) Probleme bereitet, und zwar vor allem in der modernen Welt, die auch Seiner Heiligkeit dem Papst am Herzen liegt, ist nicht die *Theorie* dieser oder jener Religion, sondern ihre *Praxis,* ihre Umsetzung durch selbsternannte Vertreter der Vergangenheit und Gegenwart: Mit diesen Vertretern (Scheichs, Klerikern, Rabbis, selbsternannten Sprechern oder Kriegern usw.) müssen wir uns letzten Endes auseinandersetzen, und nicht mit dem, was uns in den Heiligen Büchern überliefert ist. Selbst buddhistische Mönche haben ungeachtet aller Theorie und trotz ihrer disziplinierten Spiritualität und Meditationspraxis zuweilen Schlägereien angezettelt.[8] Unser Bestreben muß es daher sein, im Gedanken an das Anliegen des Papstes im Herzen unseres Glaubens oder unserer Überzeugungen jenen „Stein der Weisen" zu suchen, der uns im Hinblick auf unsere Beziehungen untereinander und zum Rest der Welt zum einen daran erinnert, daß wir nur einen Teil des darin vorhandenen Raums für uns in Anspruch nehmen können, und

[8] Es ist in Anbetracht der vollkommen unterschiedlichen Ursprünge von Schintoismus und Buddhismus einerseits und der gemeinsamen Geschichte von Judentum, Christentum und Islam andererseits ein trauriges Rätsel, daß ein Schintoist den Buddhismus ganz einfach als zusätzlichen Glauben annehmen kann, während Judentum, Christentum und Islam einander so radikal ausschließen.

uns zum anderen lehrt, die Besetzung entsprechender Teile durch andere zu respektieren.

Diese letzte Beobachtung führt uns zur Vernünftigkeit und zum einzelnen Menschen zurück. Rationales Verhalten hat natürlich auch etwas mit vernünftigem Verhalten zu tun, doch letzteres steht, häufig im Gegensatz zu ersterem, für eine gewisse Kompromißbereitschaft oder Nachgiebigkeit, für den Willen, anderen entgegenzukommen, nicht auf radikalen Positionen zu beharren und in einem pluralistischen Umfeld zu koexistieren. In seinem Glauben vernünftig zu sein bedeutet zum Beispiel, sich oder die eigene religiöse Praxis niemandem aufzudrängen und zu akzeptieren, daß andere sich zu einem anderen Glauben bekennen, so lange dieses Bekenntnis vernünftig ist. Vernünftig sein in dem, was man von sich selbst und von anderen erwartet, heißt aber vor allem, eine letztgültige *Würde* in der uns allen gemeinsamen *Menschlichkeit* oder jene besondere Freiheit zu respektieren: *unser aller Freiheit, darüber zu entscheiden, wie wir bessere Menschen werden wollen.* Diese „Vernünftigkeit" eines religiösen Glaubens ist die Voraussetzung für Pluralismus, demokratischen Diskurs und sogar Inklusivismus.

Vermutlich sind es genau diese Werte, die der Papst in seiner Rede gesucht hat – in einer Welt, die seinem Empfinden nach von der Bigotterie der Polarisierung und dem Gespenst der Gewalt bedroht ist.

Angesichts der letzten Bemerkungen könnte man mit einem weiteren Verweis auf das mittelalterliche Kompendium christlich-muslimischer Gespräche enden.

Pico della Mirandola (1463–1494) schreibt zu Beginn seiner *Rede über die Würde des Menschen:*

„Ich las in den Werken der Araber, ehrenwerte Väter, der Sarazene Abdala habe auf die Frage, was es auf dieser irdischen Bühne, um einmal diesen Ausdruck zu benutzen, als das am meisten Bewunderungswürdige zu sehen gebe, geantwortet: nichts Wunderbareres als den Menschen".[9]

Unter respektvollem Bezug auf die muslimische Tradition, auf die er sich sogar beruft, um das, was er sagen will, zu legitimieren, beginnt Pico hier mit einer Darlegung, die man als einen der frühesten „westlichen" Beiträge zu einer humanitären Philosophie bezeichnen könnte – einer Philosophie, in der die Werte der Wahlfreiheit und Gleichheit den höchsten Rang einnehmen und den Menschen von Gottes anderen Geschöpfen unterscheiden. Das Einzigartige am Menschen, so Pico, ist ja gerade seine freie Stellung im Universum: die Tatsache, daß er nicht auf die eine oder die andere Ecke dieser Welt festgelegt ist, sondern sowohl die Fähigkeit besitzt, sich vorzustellen, wie er besser (oder schlechter) werden könnte, als auch die Freiheit, diesen Weg zu wählen und besser (oder schlechter) zu werden. Damit ist der Mensch Herr über sein Geschick, und genau diese überragende Fähigkeit

[9] Giovanni Pico della Mirandola. *Über die Würde des Menschen,* lat.-dt., übers. v. Norbert Baumgarten, hg. v. August Buck, Hamburg 1990, S. 3.

macht seine Würde aus, eine Würde, die ihm einzig und allein aufgrund der Tatsache verliehen ist, daß er ein Mensch ist, und die ihm den Respekt der anderen Menschen einträgt.

Gewiß: eine Weltordnung, in der Menschen Würde besitzen und einander einzig und allein deshalb respektieren, weil sie Menschen sind, und in der unterschiedliche Religionen und Ideologien friedlich koexistieren können oder in der Menschen die Demut besitzen, die sie befähigt, einander zu achten und produktiv und freudig zusammenzuleben, und in der Meinungsverschiedenheit als ein Wert geschätzt wird, den es zu stärken, und nicht als Fehler gefürchtet wird, den es auszumerzen gilt – eine solche Weltordnung ist genau jener „Hellenismus", den Seine Heiligkeit im Sinn hat. Eine – jede – Religion, die diese Weltanschauung nicht zu ihren Kernaussagen zählt und ihren Gläubigen vermittelt, hat diesen Namen nicht verdient. Diesen Aspekt unserer Zivilisation dürfen wir getrost als den „Stein der Weisen" betrachten: diesen Teil unserer Menschheitsgeschichte, auf den wir alle stolz sein können, und diese Tugenden, die zu leben und zu schützen wir alle lernen müssen.

Al-Quds Universität, 15. März 2007

GEDANKEN ZUR REGENSBURGER VORLESUNG PAPST BENEDIKTS XVI.

ROBERT SPAEMANN

Sokrates, der Vater der europäischen Philosophie, pflegte zu sagen, er wisse, daß er nichts wisse. Er fördere nur, wie die Hebamme das Kind, Wahrheit im Dialog zutage. Sokrates war kein Wegweiser, aber er konnte Wegweiser auf ihre Zuverlässigkeit prüfen. Jesus Christus trat auf mit dem Anspruch des wissenden Lehrers. Er spricht, so sagten die Zeitgenossen, „wie einer der Macht hat, nicht wie die Schriftgelehrten". Der Papst, wenn er als Stellvertreter Christi spricht, gibt keine Dialogbeiträge. Er beendet Dialoge mit einem abschließenden Wort. Aber um dieses Wort sprechen zu können, um Dialoge ins Licht der Offenbarung zu stellen und für das vertiefte Verständnis dieses Lichts fruchtbar zu machen, muß er sie kennen. Am besten kennt er sie, wenn er kompetent ist, selbst an ihnen teilzunehmen. Benedikt XVI. hat als einer der bedeutendsten Theologen der Gegenwart jahrzehntelang am Gespräch der theologischen Wissenschaft teilgenommen. Und auch als Präfekt der Glaubenskongregation hat er, wenn irgend möglich, das Gespräch mit denen gesucht, über deren Lehre ihm ein autoritatives Wort zustand. In Regensburg ist er nun noch einmal über die Dauer eines Vortrags in die Rolle des Professors geschlüpft, wenn auch nicht in dessen Robe. Das Papstgewand hat er nicht abgelegt, und das sicherte seiner Vorlesung weltweite Aufmerksamkeit. – „Es ist für mich ein bewegender Augenblick, noch einmal in der Universität zu sein und noch einmal eine Vorlesung halten zu dürfen", so begann er seine Rede. Dazu muß man wissen, daß das deutsche Wort „Vorlesung" exklusiv den Lehrvortrag im universitären Unterricht meint. Die Vorlesung ist eingebettet in den nie abgeschlossenen Dialog der Wissenschaften. Die angemessene Art, eine Vorlesung entgegenzunehmen, ist eine andere, als die, eine Predigt oder eine Lehrverkündigung entgegenzunehmen. Die angemessene Art besteht darin, die gebotene Information und die vorgetragenen Gedanken mit Interesse aufzunehmen, also zu „lernen" und das, was darin Interpretation und These ist, bei sich zu prüfen und mit anderen oder dem Vortragenden selbst zu diskutieren. Eine Diskussion angestoßen zu haben ist das Beste, was einer Vorlesung passieren kann. Der Regensburger Vorlesung Benedikts XVI. ist es passiert. Meine folgenden Bemerkungen sind nicht Kommentare zu einem kanonischen Text, der interpretationsbedürftig wäre, es sind dialogische Reaktionen und Reflexionen, die durch diese Vorlesung veranlaßt wurden.

Da ist zunächst des Papstes Bekenntnis zur Idee der Universität und zu dem Platz, den die theologischen

Fakultäten in Deutschland darin einnehmen. Dieses Bekenntnis ist nicht selbstverständlich. Die Ablehnung dieses Platzes von der Seite des kämpferischen Laizismus versteht sich von selbst. Aber es gibt heute auch Tendenzen innerhalb der katholischen Kirche, die Theologie aus den Universitäten zurückzuziehen, weil manchen der kirchliche Charakter der Theologie nicht mehr gewährleistet zu sein scheint. Die Theologieprofessoren sind Staatsbeamte. Die Bischöfe haben keinen direkten Einfluß auf deren Ernennung, sondern nur ein Vetorecht, von dem sie verständlicherweise nur ungern Gebrauch machen. Mancher fromme und kluge Theologiestudent hat schon seinen Glauben verloren durch das theologische Universitätsstudium. Und es gibt zweifellos Situationen, wo es der Bischof als seine Pflicht betrachten kann, das Hochschulstudium für seine Priesteramtskandidaten außerhalb der staatlichen Universität zu organisieren, wie es die Kirche in der Zeit der DDR tat, entgegen dem Angebot der kommunistischen Partei, an der Berliner Universität neben der evangelischen auch eine katholische theologische Fakultät zu errichten.

Der Papst diskutierte in Regensburg nicht das Für und Wider. Er besitzt kein unbegrenztes, aber ein großes Vertrauen in bewährte, Zeitmoden überdauernde Institutionen. Und so zeichnete er einfach mit wenigen Strichen das Bild jener *universitas litterarum* als geistiger Gemeinschaft, die er und wir, seine Zeitgenossen, erlebt haben und aus der die Theologie nicht wegzudenken ist. Diese *universitas* ist für den

Papst eine konkrete Darstellung der Einheit und Universalität der menschlichen Vernunft, die das Thema seiner Vorlesung war. Die Verdrängung der Theologie aus dem Kosmos der Wissenschaften wird gern begründet mit dem mangelnden Wissenschaftscharakter der Theologie, wenigstens solange sie konfessionelle, also kirchliche Theologie ist und also nicht voraussetzungslose Forschung. Aber dann müßten auch die juristischen Fakultäten erschwinden, weil auch die Jurisprudenz zu ihrer Voraussetzung geltende Gesetzbücher hat – wie dann überhaupt Jurisprudenz und katholische Theologie hinsichtlich ihres wissenschaftlichen Status und ihrer Form der Rationalität bemerkenswerte strukturelle Ähnlichkeit besitzen. Der Versuch mancher Theologen, den Wissenschaftscharakter ihrer Disziplin durch möglichst große Unabhängigkeit von der Kirchenlehre herauszustellen, führt zu keinem Gewinn an Ansehen in der Universität. Der katholische Theologe unterscheidet sich nämlich zu seinem Vorteil von manchen anderen Wissenschaftlern dadurch, daß er seine Voraussetzungen offenlegt und rechtfertigt, während es nur wenige materialistische oder agnostische Wissenschaftler gibt, die, wie der Bewußtseinstheoretiker Daniel Denett, offen bekennen, daß der materialistische Monismus für sie eine dogmatische Voraussetzung ist, die sie keiner weiteren Prüfung unterziehen, sondern um jeden Preis festhalten werden, weil daran ihr Selbstverständnis als Wissenschaftler hängt. Die meisten von ihnen halten sich für „voraussetzungslos" und nennen Gläubige „weltanschaulich gebunden", ein Ausdruck, der ja nur berechtigt wäre unter der Voraussetzung, daß es ein Irrtum ist, die Welt für eine Schöpfung Gottes zu halten. Denn wenn Gott wirklich ist, dann ist es absurd, denjenigen, der dies glaubt, für „weltanschaulich gebunden" also für unfreier zu halten als den Agnostiker. Wahrheit kann nicht unfrei machen.

Wenn die moderne Naturwissenschaft sich darauf beschränkt, die Empirie mit Hilfe von Simulationsmodellen zu rekonstruieren, so bestreitet der Papst ihr nicht das Recht dazu. Schließlich beruht die beispiellose Effizienz der modernen Technik auf diesem Typus von Wissenschaft. Aber der Papst betrachtet es als Selbstverstümmelung der Vernunft, wenn sie es sich verbietet, über das Verhältnis dieser Modelle zur Wirklichkeit nachzudenken, ohne sich an ihre methodischen Krücken zu fesseln. Gegenüber dem methodischen *Etsi Deus non daretur* der Wissenschaft postuliert er ein befreiendes *Etsi Deus daretur,* das *a limine* auszuschließen die „Halbierung der Vernunft" bedeutet. Es gehört zu den hartnäckigen Vorurteilen des Laizismus, es gebe eine gegenüber Glauben und Unglauben neutrale Position, so als gebe es eine neutrale Position zwischen Sehen und Nichtsehen. Es gibt sie nicht, denn für den Menschen ist Nichtsehen etwas anderes als für einen Stein, zu dessen Normalverfassung das Sehen nicht gehört. Für den Menschen ist Nichtsehen Blindheit, und Blindheit ist ein Defekt, eine *privatio,* wie die lateinischen Aristoteliker sagten. Der Mensch verlangt nach Licht. Die Vernunft verlangt nach Wahrheit, nach „Erkenntnis dessen, was in Wahrheit ist", wie es bei Hegel heißt (Phänomenologie des Geistes. Einleitung). Wie für keine andere Religion aber sind Wahrheit und Erkenntnis der Wahrheit so zentrale Begriffe wie für die christliche. „Dazu bin ich geboren und in die Welt gekommen, daß ich von der Wahrheit Zeugnis gebe" – mit diesen Worten beantwortet Christus die Frage des Pilatus nach seinem Königtum (Joh 18,37). Und das ewige Leben besteht nach seiner Lehre darin, „daß sie dich erkennen, den allein wahren Gott, und den du gesandt hast, Jesus Christus" (Joh 17,3). Person und Botschaft Jesu würden uns nichts angehen, wenn sie nicht die Antwort wären auf ein elementares Wahrheitsverlangen des menschlichen Geistes. „Jeder, der aus der Wahrheit ist, hört meine Stimme", so beendet Jesus die Erläuterung seines Königtums (Joh 18,38).

Die griechische Philosophie hat diese Suche nach Wahrheit erstmals in der Geschichte in strenger diskursiver Form artikuliert, und ein wichtiges, ja das zentrale Thema der Regensburger Vorlesung ist die Abwehr der Tendenz, den Erkenntnisanspruch der griechischen Philosophie zu ignorieren und sie nur als „Ausdruck" griechischer Wesensart zu verstehen. Schon Hegel hat sich gegen diese Tendenz verwahrt und geschrieben, die Vernunft weigere sich, ein bestimmtes Denken nur unter dem Gesichtspunkt anzusehen, daß es „eine Art ist", und es schon deshalb gut zu finden. Denken will seinem innersten, auf Erkenntnis gerichteten Wesen nach gerade nicht Ausdruck einer „Art“ sein, und es als solche „Art“ von vornherein anzuerkennen, ohne seinen Wahrheitsanspruch zu prüfen, heißt, diesen Anspruch nicht ernst nehmen. Wenn er ernst genommen wird, dann bedeutet seine Anerkennung zugleich die Ablehnung des Anspruchs entgegengesetzter Meinungen. Wahrheit ist notwendigerweise intolerant. Toleranz gibt es nicht gegen den Irrtum, sondern nur gegen Personen, die einen Irrtum vertreten. Die Logik des Aristoteles belehrt uns nicht in erster Linie darüber, wie die Griechen gedacht haben, sondern darüber, wie jeder Mensch denken muß, wenn er nicht fehlerhaft denken und sich in Irrtum verstricken will. Die Logik freilich hat es nur mit der Form des Denkens und nicht mit seinem Inhalt zu tun. Aber für diesen gilt das Gleiche. In den Dialogen Platons und in der Metaphysik des Aristoteles geht es nicht um kulturellen Ausdruck, sondern um Wissen. Deshalb und nur deshalb konnte die frühe Kirche beim Versuch, den Inhalt ihres Glaubens begrifflich zu artikulieren, eine so enge Symbiose mit dem griechischen Denken eingehen, nicht freilich ohne dabei dieses Denken selbst tiefgreifend zu modifizieren. Die Regensburger Rede verteidigt diese schon in den Weisheitsbüchern des Alten Testaments beginnende Symbiose als ein providentielles Ereignis. Gerade als eine zutiefst geschichtliche Religion kann das Christentum seine kulturellen „Inkarnationen“ nicht beliebig zugunsten anderer abstreifen wie verschlissene Kleider. Sie sind inzwischen zu Elementen ihrer Identität geworden, und neue Inkulturationen können nur gelingen, wenn sie die früheren nicht einfach fallenlassen oder rückgängig machen, sondern integrieren, so wie das bei unseren germanischen Vorfahren geschah. Sie traten in eine Kirche ein, die bereits hellenisiert und romanisiert war und in die sie nun im Lauf der Jahrhunderte ihr Eigenes einbrachten. Das Providentielle der ersten hellenistischen Inkulturation lag darin, daß die hellenistische Kultur in ihrem Kern bereits universalistisch war und so den Boden vorbereitet hatte für den Universalismus des christlichen Glaubens. Mit den nicht-universalistischen antiken Religionen hatten die Christen nichts im Sinn und waren nicht bereit, mit ihnen irgendeine Symbiose einzugehen. Es waren die platonischen Philosophen, von denen Augustinus schreibt, daß sie – mit Ausnahme der Fleischwerdung des Logos – über die ewigen Dinge nichts anderes denken als „die unsrigen". Die Fleischwerdung des Logos aber hatte ja zu Platons Zeit noch nicht stattgefunden. Daß aber vernünftiges Denken über die ewigen Dinge seine eigene Überbietung durch eine göttliche Offenbarung als Möglichkeit selbst ins Auge faßt, spricht Sokrates im *Phaidon* aus, wenn er die philosophische Rede über diese Dinge mit einem Brett vergleicht, auf dem man sich irgendwie im stürmischen Meer des Lebens durchbringt, „so lange nicht jemand auf einem göttlichen Logos sicherer fahren kann".

Die alles entscheidende Herausforderung der Vernunft als des Ortes der Öffnung des Menschen für die

Wirklichkeit drückt sich in dem Satz David Humes aus: „*We never advance a step beyond ourselves*". Wenn das wahr ist, dann ist der Mensch kein wahrheitsfähiges Wesen. Dabei bleibt nur der Einwand, wie er das wissen kann. Wenn es nur den Bewußtseinsinnenraum gibt, dann kann gerade das nicht gewußt und nicht gesagt werden, denn man muß diesen Innenraum schon gedanklich transzendiert haben, um ihn als „bloßen Innenraum" verstehen zu können. Einer der größten deutschen Dichter, Heinrich von Kleist, hat sich getötet, weil er Kant in diesem Sinn verstanden und ihm geglaubt hatte: der Mensch ist in sich gefangen. Er hat keinen Zugang zur wirklichen Wirklichkeit. Aber solange er Mensch ist, kann er auf einen solchen Zugang nicht verzichten. Ohne ihn lohnt es sich nicht zu leben, meinte Kleist.

Ob Kant hier richtig verstanden wurde, ist eine strittige Frage. Hat er die Vernunft halbiert oder hat er die Vernunft des rationalistischen Szientismus erstmals als eine halbierte erkannt und einen Ausweg ins Offene gesucht? – Einen unzulänglichen Ausweg, wie die Regensburger Vorlesung zu Recht sagt (wenn auch mit einem kleinen Lapsus: Kant wollte natürlich nicht das *Denken* zugunsten des Glaubens beiseite schaffen, sondern den Anspruch des *Wissens* aufheben. Offensichtlich war es das, was der Papst sagen wollte). Gott ist für Kant Gegenstand des Denkens, und dieser gedachte Gott wird gedacht als „fehlerfreies Ideal" der theoretischen Vernunft, das uns erlaubt, die Welt als ein sinnvolles Ganzes zu denken. Aber ihn so denken bedeutet nicht, etwas über seine Existenz zu wissen. Seine Wirklichkeit können wir nur postulieren, und wir *müssen* sie postulieren aus einem moralischen Grund: um sittlich handeln zu können, müssen wir an eine letztendliche Einheit von Tugend und Glückseligkeit glauben. Und nur Gott kann eine solche Einheit garantieren.

Schon der platonische Sokrates postuliert in der *Politeia* eine solche göttlich garantierte Konvengenz, wenn seiner Lehre der Einheit von Glück und Tugend das Beispiel des gekreuzigten Gerechten entgegengehalten wird. Nach Meinung Kants kommen wir allerdings über ein solches Postulat nicht hinaus, wenn es darum geht, Gott als dem Ideal der Vernunft *Wirklichkeit* zu verschaffen. Vom gedachten Gott führt kein unmittelbarer Weg zum wirklichen Gott. In der Ablehnung des sogenannten ontologischen Gottesbeweises ist sich Kant mit Thomas von Aquin einig. Aber wo liegt der Unterschied? Er liegt im Verständnis der Welterkenntnis. Für Thomas wie für die christliche Tradition insgesamt kann Gott – entsprechend dem heiligen Paulus – aus der von ihm geschaffenen Weltwirklichkeit erkannt werden. Das setzt voraus, daß die Weltwirklichkeit ihrerseits in ihrem Eigensein erkannt werden kann. Und eben dies bestreitet Kant. Zwar verweist auch für ihn „der gestirnte Himmel über mir“ auf das Göttliche, aber doch nur im Sinne einer Erhebung des Gemüts, nicht im Sinne von Wissen. Wissen, Weltwissen ist für Kant naturwissenschaftliches Wissen. Dieses Wissen ist programmatisch atheologisch und als Instrument der Naturbeherrschung definiert, entsprechend dem Satz des Thomas Hobbes, eine Sache erkennen heiße *„to know what we can do with it when we have it."* Wo diese Art von Wissen sich als „Erkenntnis dessen, was in Wahrheit ist" versteht, ist die Leugnung Gottes ebenso wie der menschlichen Freiheit die unvermeidliche Folge. Kant, der diese Konsequenz nicht ziehen wollte, mußte daher den Anspruch des Wissens zurückweisen. Da er jedoch das Feld der empirischen Wirklichkeit ganz dieser für ihn einzig möglichen Form des Wissens überließ, blieb ihm nur die aus allem Weltwissen unableitbare Gewissenserfahrung als Grund, eine „wahre Welt" jenseits der empirischen zu postulieren. Der Philosophie stellt Kant nicht mehr die kühne Aufgabe, aufs offene Meer zu fahren, sondern die genügsame, die Insel, auf der wir leben, auszumessen. Den großen Denkern unmittelbar nach Kant war das zu viel Bescheidenheit. Sie fragten, wie denn, wenn Wissen auf Gegenstände sinnlicher Erfahrung beschränkt ist, ein Buch wie die *Kritik der reinen Vernunft* möglich sein, und ob denn in diesem Buch nicht Wissen vermittelt werden sollte. Wie können wir von den Grenzen unserer Insel wissen, wenn wir nicht schon über sie hinausgeblickt haben? Für Hegel, Fichte und Schelling war dieses Buch nur ein Durchgangsstadium zu einer neuen Theorie des Absoluten, der des sogenannten Deutschen Idealismus. Diese war nun allerdings in dem, was sie der Vernunft zutraute, so ambitiös, daß sie ihrerseits wiederum den Umschlag provozierte zu jenem positivistischen Szientismus, der bis heute die populäre Weltanschauung weitgehend bestimmt. Für den Szientismus ist Vernunft nichts als das zufällige Produkt eines evolutionären Prozesses, der seinerseits von keiner Vernunft geleitet ist. Und dieses Produkt dient nicht der Selbsttranszendenz, sondern nur der Selbsterhaltung.

In dieser Situation ist es nun der christliche Glaube, der den elementaren Anspruch der Vernunft verteidigt, den Anspruch der Öffnung zu dem, was „in Wahrheit ist", den Anspruch auf ein Wissen vom Absoluten, von Gott. Die Situation ist paradox. In einer Zeit metaphysischer Ohnmacht der Vernunft ist es die katholische Kirche, die es im Ersten Vatikanischen Konzil zum Glaubenssatz erhebt, daß man an die Existenz Gottes nicht nur glauben müsse, sondern daß die menschliche Vernunft imstande sei, aufgrund ihrer Welterfahrung vom Schöpfer der Welt zu *wissen.* Benedikt XVI. greift diese antifideistische Intention auf neuer, reflektierterer Ebene nun, fast anderthalb Jahrhunderte später, wieder auf und insistiert darauf, daß der christliche Glaube kein blinder Glaube, kein „Fanatismus", sondern sehender Glaube ist, ein *rationabile obsequium,* der christliche Kult ein *rationabile sacrificium,* und daß ein Christ mit dem Apostel Paulus sagen kann: „Ich *weiß,* wem ich geglaubt habe" (2 Tit 1,12). Freilich sind Glaube und Taufe eine Art Einweihung. Sie ziehen nicht Schlußfolgerungen aus alten Prämissen, sondern verwandeln die existentiellen und die theoretischen Prämissen des Lebens und Denkens. Aber diese neuen Prämissen sind vernünftiger als die alten. Christus spricht von „Umkehr". Und erst die Umkehr erlaubt es, Person und Botschaft Jesu zu verstehen. Wenn Jesus zu seinen Jüngern sagt: „Ich nenne euch nicht mehr Knechte, sondern Freunde, denn der Knecht weiß nicht, was sein Herr tut" (Joh 15,15), so wird darin deutlich, daß christliche Jüngerschaft nicht blinde Gefolgschaft, sondern verstehender Gehorsam ist.

Das gilt übrigens auch und gerade für die Trinitätslehre, die von Moslems gern als Beispiel von Irrationalismus bezeichnet wird. Die Neuscholastik hat das Verhältnis von Monotheismus und Trinitätslehre wie das Verhältnis von zwei Stockwerken interpretiert. Die Existenz eines einzigen, allmächtigen und allgütigen Gottes ist der natürlichen Vernunft zugänglich, die Dreifaltigkeit Gottes ist ein geoffenbartes Mysterium. Tatsächlich führt aber der Glaube an den *einen* Gott fast unvermeidlich ins Irrationale, wenn er nicht durch das geoffenbarte Mysterium aufgeklärt wird. Schon der Gedanke Gottes als *einer* einzigen Person ist problematisch, weil wir Personalität überhaupt erst im Zusammenhang mit der Trinitätslehre zu denken begonnen haben. Außerdem können wir den Gedanken einer einzigen Person gar nicht denken. Unser Personbegriff impliziert wesentlich die Beziehung zu anderen Personen. Wenn Gott eine einzige Person wäre, dann müßte er eine Welt mit anderen Personen erschaffen, um seiner Einsamkeit zu entgehen und sich als Person überhaupt erst zu konsituieren. Gott könnte natürlich nicht in seinem Wesen Liebe sein, so lange er kein personales Gegenüber hat. Im übrigen ist die Trinitätslehre keine Abschwächung des Glaubens an die Einheit und Einzigkeit Gottes, sondern dessen definitive Bekräftigung. Denn sie versteht Einheit nicht als die passive Vorgegebenheit einer Substanz, sondern als lebendige Einheit, als unaufhörlichen Prozeß der Selbstkonstituierung und Selbstvermittlung. So wie die Menschen in höherem Sinn Einheiten sind als Steine. Die Differenz von Natur bzw. Wesen und Person, die in der Trinitätslehre ebenso wie in der Christologie erstmals gedacht wurde, ist im übrigen der Kern unseres nachantiken Personverständnisses. Und es ist noch nicht ausgemacht, ob in einer Gesellschaft, die diesen Ursprung vergessen hat, die Sache selbst überdauern wird.

Daß in der Vorlesung Benedikts XVI. ebenso wie im Ersten Vaticanum der Glaube dem Selbstbewußtsein der Vernunft zu Hilfe kommt, hat seinen Grund in der drohenden Selbstzerstörung der Aufklärung. Nietzsche hat diese Selbstzerstörung radikal reflektiert und die Konsequenz aus Humes oben zitiertem Diktum gezogen. Der moderne Szientismus glaubt zu wissen, was die Entstehungsbedingungen der Vernunft sind und was Vernunft *ist:* ein Instrument der Selbstbehauptung durch Erzeugung überlebensdienlicher Illusionen. Die Aufklärung war noch vom Gedanken der Wahrheit geleitet. „Auch wir Aufklärer", schreibt Nietzsche, „wir freien Geister des 19. Jahrhunderts nehmen unser Feuer noch von dem Christenglauben, der auch der Glaube Platons war, daß Gott die Wahrheit, daß die Wahrheit göttlich ist" (Die fröhliche Wissenschaft). Indem die Aufklärung den Gedanken Gottes entlarvt, zerstört sie ihren eigenen Impuls, die Wahrheitssuche. Denn ohne die Existenz Gottes gibt es nur die vielfältigen Perspektiven, aber keine „wahre Welt". Und auch die *reductio ad absurdum* der Wahrheitsleugnung ist nicht mehr deren Widerlegung, denn die Welt *ist* absurd, wenn es Gott nicht gibt.

Damit wird nun allerdings eine tiefe Voraussetzung aller traditionellen Gottesbeweise selbst fraglich, die Intelligibität der Welt. „Wir dürfen uns nicht einbilden, daß die Welt uns ein lesbares Gesicht zuwendet", schreibt Michel Foucault (L´ordre du discours) und nimmt damit Nietzsches These auf. Nietzsche aber sah noch mehr. Er sah, daß, wenn Gott nicht existiert und der Mensch kein wahrheitsfähiges Wesen ist, der Mensch nicht mehr sein kann, wofür er sich hält: Person. Und weil unser Begriff von substantieller Identität, den wir unserer normalen Weltsicht zugrunde legen, ein illusionärer Begriff ist, so gibt es schließlich für Nietzsche nicht nur keine Personen, sondern auch keine Lebewesen und keine Dinge als substantielle Einheiten. Denn die Vorstellung von so etwas wie einer substantiellen Einheit verdankt sich unserer illusionären Selbstdeutung und ist nichts als ein Anthromorphismus. Es ist klar, daß es unter dieser Voraussetzung Gottesbeweise, Argumente für das Dasein

Gottes nicht geben kann. Sie leiden sämtlich an einer *petitio principii,* weil sie Wahrheit voraussetzen und weil diese Voraussetzung selbst bereits eine gläubige ist. Diese Sichtweise knüpft das Selbstvertrauen der Vernunft an eine gläubige Prämisse. Deshalb müssen nach Nietzsche rationale Argumente für die Existenz Gottes anders aussehen als vor Nietzsche. Denn nachdem der Mensch sich aus der Wirklichkeit so radikal herausreflektiert hat, wird das erneute Vertrauen in die Vernunft selbst bereits zu einer Entscheidung, zu einem Akt des Glaubens. Und es liegt ganz in dieser Linie, daß es nun die Kirche ist, die auf der Fähigkeit der Vernunft zur Selbsttranszendenz und damit auf der Personalität des Menschen insistiert. Wer bereit ist, sich selbst durchzustreichen, den kann kein Argument daran hindern, für sich auch Gott durchzustreichen – obgleich das, Gott sei Dank, nur ihn selbst, aber nicht Gott berührt.

Wo das Urvertrauen in die Welt einmal erschüttert ist, da bedarf es seiner ausdrücklichen Wiederherstellung duch das Vertrauen auf Gott.

Die Regensburger Vorlesung weist darauf hin, daß der Nominalismus des späten Mittelalters bereits jene Intelligibilität erschüttert hat, die das Sein der Welt zu einem Abbild des göttlichen Seins macht und deshalb zum Ausgangspunkt eines Aufstiegs von der Schöpfung zum Schöpfer. Deshalb hatte, von dieser Voraussetzung aus, schon Descartes das Verhältnis von Weltvernunft und Gottesidee umgekehrt. Wo die Vernunft ihren eigenen elementaren Intuitionen, den ersten Prinzipien des Denkens nicht mehr trauen kann, da bedarf es des Rekurses auf die Wahrhaftigkeit und Güte Gottes, um das Selbstvertrauen der Vernunft wiederherzustellen. Wir können, nach Descartes, Kant und Nietzsche nicht mehr die Wahrheitsfähigkeit des Menschen naiv voraussetzen und so zur Einsicht in die Existenz Gottes kommen, sondern wir können nur noch beides zugleich haben: den Glauben an Gott und die Affirmation unserer selbst als Personen, d.h. als wahrheitsfähige Wesen.

Ja, wir müssen noch einen Schritt weitergehen. Mit der Wirklichkeit Gottes wird Wirklichkeit überhaupt fraglich. Es ist ja so: Etwas als wirklich affirmieren heißt, diese Wirklichkeit als ewige Wahrheit affirmieren. Wenn ich jetzt Schmerzen habe, wird es immer wahr sein, daß ich Schmerzen gehabt habe. Und wenn ich heute abend mit Freunden bei einem Glas Wein zusammensitze, wird es in alle Ewigkeit wahr bleiben, daß dies der Fall war. Würden wir annehmen, das Vergangene werde, wenn einmal alle seine Spuren verweht und alle menschliche Erinnerung erloschen sein wird, nicht mehr *gewesen* sein, dann liefe das darauf hinaus, daß es tatsächlich auch jetzt nicht wirklich wirklich ist, wie dies ja der Buddhismus lehrt. Das Futurum exactum gehört untrennbar zum Präsens. Aber hier gilt nun Nietzsches Wort: „Wir werden Gott nicht los, so lange wir an die Grammatik glauben". Denn was ist der ontologische Status einer Vergangenheit, wenn es keine Gegenwart mehr gibt, deren Vergangenheit sie ist? Wenn Gott als der Ort, in dem alles, was je war, für immer aufgehoben ist, dann wird es einmal das Vergangene als Vergangenes nicht mehr geben. Und eben dies können wir nicht denken, ohne auch das Gegenwärtige zu entwirklichen. So heißt es im *Gebet eines Atheisten* von Unamuno: „Gott ist nur ausgedacht. Wärest du wirklich, Gott, dann wäre auch ich wirklich".

Vernunft heißt: Selbsttranszendenz, Öffnung zur Wirklichkeit. Diese Öffnung hat Grade. Die volle Öffnung heißt: Liebe. *Amor ecstasim facit.* Liebe ist der *„step beyond ourselves"*, dessen Möglichkeit David Hume leugnete. Wir können Liebe – Valentin Tomberg folgend – definieren als „Wirklichwerden des Anderen für mich". Und zwar nicht bloß theoretisch und nicht bloß ästhetisch, sondern „wirklich". Insofern ist Liebe die Erfüllung der tiefsten Intention der Vernunft. Wer das verstanden hat, wird nichts Erstaunliches darin finden, daß Benedikt XVI., der unerbittliche Verteidiger der Wahrheitsfähigkeit der Vernunft auf der Cathedra des Professors, dort wo er *urbi et orbi* von der Cathedra Petri aus spricht, seine Botschaft anfängt mit dem Wort: „Gott ist die Liebe". Dieser Satz aus dem Brief des Apostels Johannes und der Satz am Anfang des Johannesevangeliums „Im Anfang war der Logos" gehören unzertrennlich zusammen und erläutern einander.

Daß mit dieser Botschaft ein kontroverser Dialog mit dem Islam eröffnet wurde, ist kein Zufall. Ohne einen „Schuß vor den Bug" mit dem Zitat eines byzantinischen Kaisers wären wohl nicht über dreißig prominente islamische Lehrer auf den Gedanken gekommen, die Aufforderung zum Dialog wahrzunehmen, ernst zu nehmen, freundlich zu beantworten und auch gleich mit einer Kritik zu beginnen, statt nur die üblichen Höflichkeiten auszutauschen. Daß andere Moslems mit einer blutigen Gewalttat reagierten, bestätigte, daß es in der Frage des Verhältnisses von Glaube und Gewalt im Islam ein offenes Problem gibt.

Der Papst erleichtert die Eröffnung eines ernsthaften Dialogs dadurch, daß er ohne apologetische Umschweife zugibt, daß die Christenheit dasselbe Problem lange Zeit hatte und vom Islam nur erhofft, daß er denselben Lernprozeß durchmacht wie die Kirche. Ob der Koran einen solchen Prozeß ebenso begünstigt wie es das Neue Testament tut, wird Gegenstand eines solchen Dialogs sein. Es zunächst einmal zu bezweifeln, ist Teil eines ehrlichen Anfangs.

Man könnte sich fragen, warum darüber diskutiert und vielleicht gestritten werden sollte. Wenn die Moslems einen anderen Gott hätten als die Christen, dann wäre ein solcher Streit in der Tat sinnlos. Christen könnten nur sagen, daß sie an die Existenz *dieses* Gottes nicht glauben. Und tatsächlich meinen viele Christen, Allah sei ein anderer Gott als der der Christen. Wäre das so, dann hätte es keinen Sinn, miteinander respektvoll zu streiten darüber, wie wir richtig über Gott sprechen und denken sollen. Aber in Übereinstimmung mit seinem großen mittelalterlichen Vorgänger Gregor VII. und mit dem Zweiten Vatikanischen Konzil geht Benedikt XVI. davon aus, daß Juden, Christen und Moslems denselben einen und einzigen Gott anbeten. Die Philosophie unterscheidet seit Gottlob Frege zwischen „Sinn" und „Bedeutung", *„meaning"* und *„reference"* eines Begriffs. *„Meaning"* der Worte „Abendstern" und „Morgenstern" ist offensichtlich verschieden. Wenn im *Exsultet* der Osternacht von jenem *„lucifer"* die Rede ist, *„qui nescit occasum"*, jenem Morgenstern, der keinen Untergang kennt, dann könnte man in diesem Gesang die Metapher des Morgensterns nicht durch die des Abendsterns ersetzen. Aber seit Jahrhunderten wissen wir, daß der eine und der andere in Wirklichkeit derselbe Stern sind, daß die „Referenz" der beiden Worte dieselbe ist. Wenn Gott nur eine Fiktion, nur eine literarische Figur ist, dann sind der Gott der Christen, der Juden und der Moslems verschiedene Götter, denn die „Gottesbilder" sind offensichtlich verschieden. Aber das ändert nichts daran, daß der Adressat der Gebete dieser drei Religionen derselbe, wenn auch nicht der gleiche ist, der Schöpfer des Himmels und der Erde und der künftige Richter der Lebenden und der Toten. Der Papst, indem er dies betont, sagt nun allerdings gleichzeitig, daß das, was Christen und Moslems über diesen Gott sagen, teilweise unvereinbar ist. Genau in diesem Sinne sagt Jesus zu den Juden, daß in seinem und in ihrem Mund der Namen JHWH dieselbe Referenz hat, aber nicht dieselbe „Bedeutung": „Ihr nennt ihn euren Gott, aber ihr kennt ihn nicht. Ich aber kenne ihn, und würde ich sagen, ich kennte ihn nicht, so wäre ich ein Lügner so wie ihr" (Joh 8,54 f.).

Die Regensburger Vorlesung spricht vor allem von der Differenz, die heute auf der Welt besonders ins Auge springt: Sie betrifft das Thema Gott und Gewalt. Anknüpfend an die Überlegungen eines byzantinischen Kaisers verbindet der Papst dieses Thema mit dem anderen: Gott und Vernunft. Vernunft ist der *„step beyond ourselves"*, dessen Möglichkeit in der Moderne bestritten wird. Ich versuchte im Anschluß an Nietzsche zu zeigen, daß diese Möglichkeit von der Existenz Gottes abhängt, und zwar eines Gottes, der in seinem Wesen *Licht* ist. Vernunft ist dann nicht zunächst ein Überlebensinstrument des *homo sapiens*, sondern Teilhabe am göttlichen Licht und das Sehen der Welt in diesem „Licht, das jeden Menschen erleuchtet, der in diese Welt kommt" (Joh 1,9). Dieses Licht läßt, wie Platon sagt, das Gute als das *koinón*, das „allen gemeinsame" sichtbar werden (vgl. Phaidon). Nicht von ungefähr spricht Heraklit in diesem Zusammenhang vom Logos, und Logos heißt zugleich „Wort". Nur durch das Wort, nur durch die Sprache und das Miteinander-Sprechen kommen wir zur Vernunft. Gewalt aber ist das genaue Gegenteil des Miteinander-Sprechens. Ziel des Diskurses ist Einigung durch gemeinsame Unterwerfung unter den Maßstab des Wahren, Ziel der Gewalt die Unterwerfung des jeweils anderen unter den Willen dessen, der sich als der physisch Stärkere erweist. Michel Foucault, der die Intelligibilität der Welt bestreitet, muß konsequenterweise den Unterschied zwischen Dialog und Gewalt minimieren. Da es so etwas wie Wahrheit nicht gibt, kann es auch im Dialog nur um ein Messen der Kräfte im Kampf um die Macht gehen. So dachten übrigens bereits die Sophisten, mit denen Sokrates stritt. Nur wenn es Wahrheit als das *koinón* gibt, gibt es zur Gewalt eine Alternative. Der Maßstab der physischen Stärke hat mit dem der Wahrheit nichts zu tun. Und der Sieg im gewaltsamen Kampf kann nur zufälligerweise einmal der Sieg des Besseren sein. Es gibt die legitime Gewalt des Staates, deren Vernunft darin liegt, die Gewalt der Individuen gegeneinander zu verhindern. Es gibt die legitime Gewalt der staatlichen Macht zur Verteidigung gegen die Gewalt eines ungerechten Angreifers. Aber der Ausbruch von Gewalt, der Umschlag des Gesprächs in Gewalt ist jedesmal das Scheitern der Vernunft, und die Wahrscheinlichkeit, daß eine gewalttätige Situation durch Gewalt verbessert wird ist gering. Vor allem aber ist es die Gewalt im Namen Gottes, die Benedikt XVI. eindeutig verurteilt. Gott als Herr der Geschichte wirkt durch alles, was geschieht, und auch die Gewalt der Gewalttätigen muß am Ende seinem Ziel dienen. Aber sie dient ihm nur so, wie alles Schlechte. Sein Wille geschieht immer und überall. Darum müssen wir nicht bitten. Aber sie geschieht nicht überall auf Erden wie im Himmel, nämlich durch den Einklang des Willens von Engeln und Menschen mit dem Willen Gottes. Mephisto in Goethes *Faust* bekennt sich als „Teil von jener Kraft, die stets das Böse will und stets das Gute schafft". Um was wir beten ist, daß der Wille Gottes auf Erden nicht so geschieht, sondern „wie im Himmel", und das heißt unter anderem: nicht durch Gewalt. Auch das Volk Israel hat in dieser Hinsicht einen Lernprozeß durchgemacht, der erst durch Jesus zum Abschluß kommt. Und trotz dieses Abschlusses hat auch die Christenheit im Mittelalter noch einmal geglaubt, wenigstens den Glaubensabfall und die Häresie mit weltlichen Strafen bis hin zur Todesstrafe ahnden zu müssen, ein Standpunkt, auf dem die islamischen Länder heute noch stehen.

Aber das Bleiben im Licht kann nun einmal nicht mit den Mitteln der Dunkelheit erzwungen werden. Wo Christen als Christen verfolgt werden, verzichten sie, ihrem Herrn folgend, auf jede Gegengewalt. Wo Christen aber als Bürger der *civitas terrena* diese rechtmäßig verteidigen, wissen sie, daß der Prozeß der Gewalt in seinem Ausgang gegen Recht und Unrecht indifferent ist. Sie werden nicht im Namen Gottes oder im Namen des Guten auftreten, um die Bösen zu bestrafen, und sie werden den Kampf freihalten von Haß, der die eigene Seele vergiftet. Wo Gewalt herrscht, da schweigt die Vernunft, und die einzige Form ihrer fortdauernden Präsenz kann nur der gegenseitige Respekt der Feinde sein, die die Versöhnung schon antizipiert.

Wir haben es nicht immer in der Hand, ob wir Feinde haben oder nicht. „Feindbilder abbauen" kann manchmal richtig sein und manchmal falsch. Wir müssen Feindbilder an der Realität überprüfen.

Aber was in unserer Hand liegt ist, um die Kraft der Feindesliebe zu bitten. Sie verwandelt den widergöttlichen Gewaltzustand und ist die äußerste Weise, wie das Licht in die Finsternis scheint, das Licht der Vernunft und der Liebe, dessen oberster Zeuge in dieser Zeit Papst Benedikt XVI. ist.

Stuttgart, Januar 2007

NEINSAGEN ZU GOTT: ANMERKUNGEN ZU DER REGENSBURGER VORLESUNG UND ZWEI PREDIGTEN BENEDIKTS XVI.

JOSEPH H. H. WEILER

I.

Wenn ich, der ich weder Katholik noch überhaupt Christ bin, mir an dieser Stelle einige Bemerkungen zu der Regensburger Vorlesung und den Predigten Papst Benedikts XVI. erlaube, so geschieht dies mit Demut und einer gewissen Zaghaftigkeit. Ich bete zu dem Gott Israels: Laß die Worte meines Mundes und die Gedanken meines Herzens vor deinen Augen Gefallen finden, o Herr, mein Fels und mein Erlöser.

So, wie ich sie deute, wenden sich die Regensburger Vorträge an mindestens drei verschiedene Zuhörerschaften: andere Religionen, gläubige Katholiken und unsere allgemeine und nicht selten weltliche Politik und Kultur. Ich werde mich in meinem Kommentar auf jede dieser drei Gruppen beziehen. Da dem Treffen mit den Vertretern der Wissenschaft bereits so große Aufmerksamkeit gewidmet worden ist, wird man es mir hoffentlich verzeihen, wenn ich versuche, mich insbesondere auf die beiden Predigten zu konzentrieren, die darüber hinaus Teil der Regensburger Trilogie und meiner Ansicht nach nicht minder tiefgründig sind.

II.

Der 34. Psalm ist einem Moment großer Gefahr im Leben und Schicksal des Königs David gewidmet. Die Lage war in der Tat sehr ernst, und darum, so lesen wir im Buch Samuel, „verstellte er sich vor ihnen und tat in ihrer Gegenwart so, als sei er wahnsinnig; er kritzelte auf die Flügel des Tores und ließ sich den Speichel in den Bart laufen“ (1 Sam 21,14). Vor genau diesem Hintergrund fragt der Psalmist: „Wer ist der Mensch, der das Leben liebt und gute Tage zu sehen wünscht?“ (Vers 13).

Gefahr und die Verletzlichkeit des Lebens sind ein Teil unserer menschlichen Situation. Deshalb scheint die Frage des Psalmisten rhetorisch, und die Antwort liegt klar auf der Hand: Wir alle. Wir alle lieben das Leben und wünschen gute Tage zu sehen. Doch die Antwort des Psalmisten ist alles andere als selbstverständlich. Sie ist erstaunlich differenziert, subtil und tief: „Bewahre deine Zunge vor Bösem und deine Lippen vor falscher Rede! Meide das Böse und tu das Gute; suche Frieden und jage ihm nach!“ (Vers 14).

Wieder und wieder lehrt uns das alltägliche Leben, daß es zwischen der Verpflichtung zur Wahrheit einerseits und dem Streben nach Frieden andererseits zu Spannungen kommen kann. Die Wahrheit ist oft konfliktträchtig, schmerzlich und entfremdend. Die Kunst der Diplomatie, die häufig das Ziel verfolgt, Frieden zu stiften, ist nur ein sehr entfernter Vetter der *Veritas*. Mit der euphemistischen Aufforderung „Sei diplomatisch!" meinen wir in Wirklichkeit: „Sei bitte bereit, um des lieben Friedens willen die Wahrheit zu verbiegen." Und doch scheut die Mahnung des Psalmisten vor ebendieser Spannung nicht zurück und lädt dazu ein, das Verhältnis zwischen Wahrheit und Frieden einmal genauer zu überdenken.

Meines Erachtens ist kein Vers in der Schrift besser geeignet, das Dilemma und die Herausforderung widerzuspiegeln, der sich ein Papst in seiner Rolle (nur eine von vielen) als Weltenlenker stellen muß. In den Regensburger Ansprachen hat Benedikt XVI., obwohl man ihm danach einen diplomatischen Fauxpas vorwarf, tatsächlich die von dem Psalmisten formulierte Herausforderung voll und ganz angenommen.

Für diesen Papst sind – wie auch für seinen großen Vorgänger (vgl. *Fides et ratio, Veritatis splendor)* – Vernunft und Wahrheit unentwirrbar miteinander verflochten. Wohlgemerkt: Wir sprechen hier über die Kernwahrheit des Glaubens. Weder Johannes Paul II. noch Benedikt predigen das Evangelium des extremen Pazifismus. Es gibt Momente im Leben, wo der Einsatz von Gewalt notwendig sein kann. Doch die

Wahrheit und insbesondere eine moralische Wahrheit zu erzwingen, widerspricht der Vernunft. Diese Verflechtung ist der Grund dafür, daß Zwang und Gewalt im Hinblick auf die tiefste Kernwahrheit des Glaubens nicht einfach nur per se unmoralisch, sondern eine ontologische Unmöglichkeit, ja ein echtes Oxymoron sind. Damit wird auch der Friede Teil dieses unentwirrbaren Gewebes.

„Das Medium ist die Botschaft", so lautete ein Schlagwort der Kultur des späten 20. Jahrhunderts. Für Benedikt sind Vernunft und Wahrheit nicht nur die Botschaft, sondern auch das Medium: *Logos,* das Intellektuelle, die innere Ordnung begründeter und durchdachter Wahrheit sind in jeder seiner Äußerung allgegenwärtig. Bei einer Begegnung mit den Vertretern der Wissenschaft ist dies nicht weiter verwunderlich. Doch selbst wenn man sich dem eindeutig kirchlichen Bereich zuwendet – der Predigt auf dem Gelände der Neuen Messe und der Eucharistiefeier selbst –, entdeckt man allein schon in der Art, wie er sich ausdrückt, und in seinem Selbstverständnis eine völlig überzeugende Verinnerlichung dieser Dreieinigkeit aus Vernunft, Wahrheit und Frieden. Genau das ist die eigentliche Ausprägung seines einzigartigen Charismas – seine Art zu sprechen, zu denken, zu sein.

Dieser Einklang zwischen Botschaft und Medium ist glücklich, denn er erzeugt Glaubwürdigkeit – nur ein böswilliger Zuhörer könnte daran zweifeln, daß der Papst sich aufrichtig für alle drei Elemente in ihrem friedlichen Kontext engagiert. Und diese Glaubwürdigkeit und Aufrichtigkeit sind unverzichtbar, weil es sich bei jener Wahrheit typischerweise um ein scharfkantiges Gut handelt – zumal in der Begegnung mit anderen Kulturen, Bekenntnissen und Religionen.

III.

Die biblischen Texte, die die Liturgie der Kirche dem Papst für seine Predigt auf dem Messegelände vorgab, sind eine Herausforderung: „Seht, hier ist euer Gott! Die Rache Gottes wird kommen …", ruft der Prophet Jesaja aus.

Der Papst macht sich ein treffendes Bild davon, wie die Menschen, die diese Worte damals hörten (oder sie heute lesen) sich diese Rache wohl vorgestellt haben mögen – als Manifestation eines zornigen Gottes. Er aber liest im Licht der christlichen Tradition aus ihnen ein „Nein zur Gewalt" und eine „Liebe bis zum Ende". Diese Deutung ist nicht unmittelbar einleuchtend. Doch unbeirrbar erklärt der Papst: „die endgültige Auslegung des Prophetenwortes finden wir in dem, der für uns am Kreuz gestorben ist – in Jesus, dem menschgewordenen Sohn Gottes, der uns hier so eindringlich anschaut. Seine ‚Rache' ist das Kreuz" (siehe S. 39).

Als Jude zucke ich natürlich zusammen, wenn ich höre, daß die Worte des Propheten Jesaja in dieser

Weise auf den dreieinigen Gott bezogen werden. Und doch fährt Benedikt XVI. fort: „Wir verletzen nicht den Respekt vor anderen Religionen und Kulturen, wir verletzen nicht die Ehrfurcht vor ihrem Glauben, wenn wir uns laut und eindeutig zu dem Gott bekennen, der der Gewalt sein Leiden entgegengestellt hat; der dem Bösen und seiner Macht gegenüber als Grenze und Überwindung sein Erbarmen aufrichtet."

Die „anderen Religionen und Kulturen" sind hier nicht nur der Islam und die unterschwellige Gewalt. Es ist auch und vielleicht sogar in erster Linie das Judentum (das das Buch Jesaja ebenso wie das Christentum als wahrhaft heilige Schrift versteht), dem der Papst ein Verständnis von Gott, dem Heiligen, Einzigen, Er sei gepriesen, verkündet, das gläubige Juden wie ich immer abgelehnt und dessen Ablehnung sie zuweilen auf den Scheiterhaufen geführt hat – eine Jesaja-Interpretation, die nicht die unsere ist und es niemals sein kann.

Und doch kann ich nicht umhin, dem Papst darin beizupflichten, daß er mir, meinen Vorfahren und meinen Nachkommen und unserem gemeinsamen ewigen Glauben mit einer so klaren und kompromißlosen Verkündigung keine Mißachtung erweist. Weder zeigt noch verdient Respekt, wer die Kernwahrheiten seines Glaubens kompromittiert. Um es „benediktinisch" unverblümt zu sagen: Unehrlichkeit kann nie, niemals die Grundlage eines echten interreligiösen Engagements sein. Sein Weg ist tatsächlich die einzige Möglichkeit, meinem Glauben tiefen Respekt zu erweisen. Es mag paradox sein, oder vielleicht auch nicht, doch gerade diese Herangehensweise – die wichtigsten Unterschiede ganz klar und kompromißlos anzuerkennen und zu artikulieren, obwohl doch diplomatische Formeln der *Political Correctness* so viel besser entsprechen würden, und dies ganz offen in einer Predigt vor Gläubigen zu tun – verleiht dem vernunftgeleiteten Verzicht auf Zwang in Glaubensfragen und dem friedlichen Kontext, in dem die Debatte über diese wesentlichen Unterschiede dargeboten wird, eine solche Glaubwürdigkeit.

In zweitausend Jahren einer belasteten Beziehung hat es niemals einen besseren und ungezwungeneren jüdisch-christlichen Dialog als den gegeben, den der große Johannes Paul II. und sein getreuer Josua, Benedikt XVI., eingeführt haben, als sie das, was mit dem Zweiten Vatikanischen Konzil begonnen hatte, in die Praxis umsetzten. Ein Grund dafür ist die Tatsache, daß dieser Dialog auf der unauflöslichen Verknüpfung von Vernunft, Wahrheit und Frieden beruht. Als Johannes Paul die Hand ausstreckte, um sein Gebet für Versöhnung und Frieden in einem Spalt der Klagemauer zu hinterlegen, bekreuzigte er sich an dieser heiligsten Stätte des Judentums – und niemand nahm daran Anstoß. Es konnte nicht anders sein. Sein Gebet für Versöhnung und Frieden wäre falsch gewesen, wenn er sich selbst untreu geworden wäre. „Bewahre … deine Lippen vor falscher Rede … suche Frieden und jage ihm nach.“ Beides kann Hand in Hand gehen.

Vor diesem Hintergrund kann ich den Strömen von Tinte, die bereits in Reaktion auf das Palaeologos-Zitat geflossen sind, nur sehr wenig hinzufügen. Ich denke, es braucht schon ein gehöriges Maß an Böswilligkeit, um zu denken, daß der Papst sich tatsächlich mit der „schroffen" Ausdrucksweise des byzantinischen Kaisers identifiziert hätte, deren Tonart so vollkommen anders ist als alles, was der Papst sonst schreibt und auch als die betreffende Vorlesung an sich. Und was die Verdienste betrifft, so will ich nur sagen, daß die Welt ein weitaus besserer Platz wäre, wenn einige sich von der jüngeren Geschichte der katholischen Kirche und ihren ehrlichen, schmerzlichen und beharrlichen Bemühungen um einen würdigen und anständigen Umgang mit den weniger ruhmreichen Taten und Lehren ihrer Vergangenheit eine Scheibe abschneiden würden.

IV.

Ein Nicht-Katholik wie ich selbst sollte Vorsicht walten lassen, wenn er das Gebiet des internen Dialogs zwischen dem Pontifex und den katholischen Gläubigen betritt. Zumindest eine bemerkenswerte Frage aber besitzt für alle religiösen Männer und Frauen erhebliche Relevanz.

Ein Teil der christlichen Botschaft und Sendung, den der Papst hervorgehoben hat, war die Sorge um die

Schwachen und Wehrlosen, die Glücklosen in unserer Gesellschaft und in der Welt, die Ausgegrenzten, die vieldiskutierten „Anderen". Es ist eine aufrüttelnde Botschaft, die über das Christentum hinausgeht: Sie spielt eine zentrale Rolle im Judentum und findet ihren Ausdruck im Pentateuch, bei den Propheten, im Mündlichen Gesetz und den Mitzwot der Barmherzigkeit. Auch für den Islam ist sie von wesentlicher Bedeutung. Und sie ist Teil vieler Weltanschauungen, die in einer weltlichen Ethik wurzeln. Religion als solche hat kein Ethik-Monopol – auch wenn die Basis der religiösen Ethik eine andere sein kann.

Und doch scheut der Papst auch in diesem Zusammenhang nicht vor dem Unbequemen und Schwierigen zurück. Unmißverständlich bringt er es auf den Punkt: „Das Soziale und das Evangelium sind einfach nicht zu trennen" (S. 36).

Meines Erachtens könnte man diese Aussage, wenn man den streng christlichen Kontext verläßt, folgendermaßen verstehen: Das soziale Anliegen als Ausdruck von Moral und Ethik ist ein zentraler Bestandteil der abrahamitischen Religionen, genügt für sich genommen jedoch nicht, um die religiöse Sensibilität, den religiösen Impetus und den religiösen Sinn zu definieren. Einerseits besitzt die Religion kein Monopol in puncto Moral und Ethik. Andererseits ist die Reduzierung der Religion auf soziale Belange genau das: ein verkürzender Reduktionismus. Die wesentliche religiöse Kategorie – also die, zu der es in einer säkularen Weltanschauung nichts Entsprechendes gibt – ist die Heiligkeit. Die Religion auf ein soziales Anliegen zu reduzieren heißt, die Bedeutung der Heiligkeit auf verhängnisvolle Weise herabzumindern. Natürlich ist die Heiligkeit nicht losgelöst von Ethik und Moral. Das Unmoralische und Unethische ist der Heiligkeit diametral entgegengesetzt. Doch die Heiligkeit erschöpft sich nicht in Ethik und Moral. Sie bezeichnet etwas Größeres.

In der jüdisch-christlichen Tradition läßt das kollektive Gebot an Klarheit nichts zu wünschen übrig: „Der HERR sprach zu Moses: Rede zur ganzen Gemeinde der Israeliten und sag zu ihnen: Seid heilig, denn ich, der HERR, euer Gott, bin heilig" (Lev 19,1–2).

Die Verse 18 und 19 versinnbildlichen den Auftrag der Heiligkeit. In ihnen stehen das Ethische und das Sakramentale *Seite an Seite:*

„18 An den Kindern deines Volkes sollst du dich nicht rächen und ihnen nichts nachtragen. Du sollst deinen Nächsten lieben wie dich selbst. Ich bin der HERR.

19 Ihr sollt auf meine Satzungen achten: Unter deinem Vieh sollst du nicht zwei Tiere verschiedener Art sich begatten lassen. Dein Feld sollst du nicht mit zweierlei Arten besäen. Du sollst kein aus zweierlei Fäden gewebtes Kleid anlegen."

Für den katholischen Gläubigen sind, wenn ich das in aller Demut zu bedenken geben darf, das soziale Anliegen und die Eucharistie einzeln wie auch gemeinsam unverzichtbar für den Auftrag der Heiligkeit und unlösbar mit ihm verbunden. Für den jüdischen Gläubigen sind Gebote zwischen „Mensch und

Mensch" und zwischen „Mensch und dem Heiligen, Er sei gepriesen" einzeln wie auch gemeinsam für denselben Auftrag unverzichtbar.

Die Christen im Gefolge des hl. Paulus (und die Säkularisten im Gefolge Kants) sind häufig erstaunt darüber, daß die Juden den *Nomos* so hartnäckig als den Kern ihres Glaubens hochhalten – jenes Gesetz, das ihnen einfach nur ein anderer Name für das Gefäß wichtigerer innerer moralischer Überzeugungen und spiritueller Existenz zu sein scheint. Dieses Empfinden ist von unserer Haltung gegenüber dem Gesetz in unseren Gesellschaften geprägt, denn auch dieses ist bestenfalls ein Instrument und Vehikel für tiefere soziale und ethische Zielsetzungen und schlimmstenfalls ein steifes, seelenloses und entmenschlichendes bürokratisches Artefakt. Doch im letztgenannten Fall liegt natürlich ein kategorieller Fehler vor, denn hier wird der *Nomos*, die Torah, das Lebendige Wort Gottes mit einem instrumentalisierenden, menschengemachten Rechts- und Gesetzesbegriff gleichgesetzt.

Der *Nomos* ist nicht die Eucharistie. Eine solche Gleichsetzung wäre für beide Seiten blasphemisch und verkürzend. Dennoch gibt es vielleicht einige gemeinsame Merkmale. Obwohl die Eucharistie auf gewissen kognitiven und epistemischen Voraussetzungen basiert, sind Performanz und Erfahrung nicht aus ihr wegzudenken. In heuristischer Hinsicht könnte also die Gegenüberstellung, die ich hier vorschlagen möchte, den Christen helfen zu verstehen, daß unsere Bindung an den *Nomos* unsere Art ist, in unseren alltäglichen rituellen und ethischen Handlungen die wahre Gegenwart des Heiligen, Er sei gepriesen, zu fühlen, der uns nicht einfach nur das Gebot „Du sollst deinen Nächsten lieben wie dich selbst“ gegeben, sondern im selben Atemzug hinzugefügt hat: „Ihr sollt auf meine Satzungen achten.“ Wenn der Papst in seiner Predigt unterstreicht: „Das Soziale und das Evangelium sind einfach nicht zu trennen“, dann geht diese Aussage über den christlichen Kontext hinaus. Man fühlt sich sofort daran erinnert, daß es im Buch Levitikus nicht einfach nur heißt: „Du sollst deinen Nächsten lieben wie dich selbst“, sondern: „Du sollst deinen Nächsten lieben wie dich selbst. Ich bin der Herr.“

Diese Worte des Papstes enthalten eine bemerkenswerte historische Ironie. In der Zeit, da Propheten wie Amos und Jesaja oder der Mensch Jesus seine Botschaft verkündeten, mußten die Gläubigen ermahnt und daran erinnert werden, daß Glaube und Heiligkeit nicht durch das Rituelle und Sakramentale, so wichtig beides ist, erreicht werden konnten und sich darin erschöpften. Heute sind die Verhältnisse umgekehrt, und selbst die Frommen müssen daran erinnert werden, daß der Reichtum des religiösen Sinnes sich nicht darin erschöpft, einfach nur ein ethisches und sozial engagiertes Leben zu führen. Es ist ein Teil unserer Situation als Menschen der Moderne, daß die Gläubigen vom Evangelium, vom Sakramentalen und von den Forderungen, Formulierungen und Praktiken, in denen sich das Heilige an ihrer Religion ausdrückt, geradezu peinlich berührt sind. Diese Dinge kommen ihnen – was für eine Ironie! – „unvernünftig" vor. Und dies ist ein weitverbreitetes Phänomen unter den Kindern von Abraham, Sara und Hagar.

Es ist daher nicht nur in symbolischer Hinsicht bedeutsam, daß ein Teil der Regensburger Trilogie im katholischen Kontext eine Eucharistiefeier ist und daß der Papst genau in dem Moment, da er die Wichtigkeit sozialen Engagements und menschlicher Solidarität unterstreicht, auch das Evangelium und die Sakramente als den Ort hervorhebt, an dem dieses soziale Engagement verankert sein muß.

V.

Der Heilige Stuhl in Rom hat oft darauf hingewiesen, daß die Religionsfreiheit die grundlegendste aller Freiheiten ist. In unserer allgemeinen weltlichen Kultur wird dies in der Regel mit einem mitleidigen Lächeln quittiert: „Was dachten Sie denn, welche Freiheit der Vatikan für die wichtigste halten würde?" Damit wird diese Stellungnahme im korporatistischen Sinn gedeutet – so als ob der Papst Chef einer Gewerkschaft wäre, die für ihre Mitglieder eintritt. Natürlich gehört auch dieser Aspekt zur Religionsfreiheit, und es ist nichts Unehrenhaftes daran, daß ein Hirte sich um seine Herde kümmert.

Was jedoch in all der Aufregung weitestgehend außer acht gelassen worden ist, ist die Tatsache, daß die Religionsfreiheit, auf die sich der Papst in den Regensburger Vorträgen bezogen hat, offenbar das genaue Gegenteil ist: die Freiheit, einer Religion seiner Wahl anzugehören oder auch gar nicht religiös zu sein. Dies ist nicht nur oder nicht in erster Linie ein Ausdruck liberaler Toleranz und Freiheit. Es ist Ausdruck einer tiefen religiösen Aussage, deren Konsequenzen man nicht unterschätzen sollte.

„Wir drängen unseren Glauben niemandem auf: Diese Art von Proselytismus ist dem Christlichen zuwider. Der Glaube kann nur in Freiheit geschehen" (S. 38), so lehrt der Papst seine eigenen Gläubigen. So, wie ich diese Lehre verstehe, ist die Religionsfreiheit, die hier gemeint ist, etwas viel Tieferes als nur die bloße Freiheit der Religionsausübung. Der Kern der Religionsfreiheit ist die Freiheit, zu Gott Nein zu sagen. Das ist eine religiöse Aussage. Wir Juden sagen: Alles liegt in Gottes Hand außer der Gottesfurcht. So hat Gott es gewollt. Wahre Religiosität, ein wahres Ja zu Gott kann nur von einem Wesen kommen, das die innere spirituelle Kraft und Fähigkeit besitzt und auch äußerlich und materiell dazu in der Lage ist, Nein zu sagen.

Die Tatsache, daß man sein eigenes Geschick beeinflussen kann, wird häufig als eine Errungenschaft betrachtet, die die Moderne von früheren Epochen unterscheidet, als Männer und Frauen ihre Situation für schicksalhaft und unabänderlich hielten.

Ich habe an dieser Einschätzung immer gezweifelt, denn die grundlegendste aller Entscheidungen, die den Menschen seit dem Garten Eden begleitet, kann darin nicht enthalten sein. Seit der Entstehung unserer Zivilisation war die Freiheit, zu Gott Nein zu sagen, fest in unserem Wesen, in unserem eigentlichen Menschsein verankert. In dieser Freiheit drückt sich das tiefste Verständnis vom Menschen als eines autonom und selbstbestimmt moralisch Handelnden aus. Für religiöse Menschen sind wir autonome und selbstbestimmte moralisch Handelnde, weil wir so und nach seinem Bild von Gott geschaffen worden sind: mit einem ganz bestimmten *Telos,* das unserem Dasein Sinn verleiht und nicht erreicht werden könnte, wenn wir nicht so geschaffen wären. Selbst ein weltlich gesinnter Atheist kann verstehen, daß jemand, der die Existenz eines allmächtigen Schöpfers akzeptiert (was der Atheist nicht tut), im Sinne einer zuinnerst religiösen Aussage auf der Freiheit bestehen muß, zu einem solchen Schöpfer Nein zu sagen, weil dies für das eigentliche Verständnis der menschlichen Situation innerhalb einer solchen Weltsicht und für das Postulat eines uranfänglichen Freiheitsbegriffs von grundlegender Bedeutung ist. Und man muß auch nicht religiös sein, um zu verstehen, weshalb ein Angriff auf eine so verstandene Religionsfreiheit nicht nur die religiöse und nicht nur die jeweilige individuelle Gewissensfreiheit, sondern das Menschsein an sich in seinen Grundfesten erschüttert.

Man kann sogar noch einen Schritt weitergehen, und so, wie ich es verstehe, tut der Papst diesen

Schritt. Anhand eines Jakobuszitats erklärt er, daß das „königliche Gesetz, das Gesetz von Gottes Königtum", zugleich „das Gesetz der Freiheit" ist (S. 33). Wenn der Kern der Religionsfreiheit in der Fähigkeit besteht, Nein zu Gott zu sagen, wie kann man dann diese Freiheit vergrößern, indem man sie dazu benutzt, das Gesetz von Gottes Königtum zu akzeptieren? Es ist zwar auch, aber nicht nur ein religiöser Ausdruck des Begriffs der rationalen Freiheit – die Erkenntnis, daß nur ein gesetzliches Rahmenwerk uns die Möglichkeit gibt, unsere Freiheit auszuüben. Nein, da ist noch etwas Tieferes. Indem ich außerhalb der Grenzen von Gottes Gesetz handele, werde ich lediglich zum Sklaven meiner menschlichen Situation einschließlich meiner menschlichen Sehnsüchte. Eine ungebundene menschliche Selbstbestimmung ist gar keine Selbstbestimmung. Gottes Gesetz und kein anderes, das Gesetz dessen, der über diese Welt hinausgeht, als das königliche Gesetz zu akzeptieren heißt, gegenüber jedem, der von dieser Welt ist, meine innere Freiheit zu bekunden. Es gibt kein besseres Mittel gegen den Totalitarismus in dieser Welt. Es ist traurig, daß so viele religiöse Menschen dieses Königliche Gesetz verraten haben, als es nötiger denn je war, ihm treu zu sein.

VI.

Schließlich beziehen sich die Regensburger Vorträge mit besonderer Eindringlichkeit auf die aktuelle Situation in Europa und im Westen. Es ist eine denkwürdige und in beträchtlichem Umfang öffentlich kommentierte Tatsache, daß die Architekten der vorgeschlagenen Europäischen Verfassung davon Abstand genommen haben, sich in der Präambel des Dokuments ausdrücklich auf die christlichen Wurzeln der europäischen Identität zu beziehen. In meinem Buch *Ein christliches Europa* (2004) habe ich bereits darauf hingewiesen, daß diese Entscheidung ein Verrat an der im selben Dokument ausgesprochenen feierlichen Verpflichtung zum Pluralismus und auch in konstitutioneller Hinsicht ungerechtfertigt war, da über die Hälfte der europäischen Bevölkerung aus Mitgliedsstaaten stammt, zu deren Verfassungsikonographie eine explizite *Invocatio Dei* und/oder Bezugnahme auf das Christentum gehört. Dies ist eine großartige konstitutionelle Tugend der europäischen Tradition, die zeigt, daß Religion und Demokratie, Religion und Freiheit, Religion und Toleranz in einer Verfassung nebeneinander bestehen können. Es ist bedauerlich, daß die Architekten der Europäischen Verfassung diese wichtige Lektion aus ihrem geplanten Verfassungsdokument gestrichen haben.

Doch ich möchte den Leser einladen, sich die von der verfassunggebenden Versammlung vorgeschlagene Präambel einmal näher anzuschauen, denn es handelt sich im Zusammenhang mit den von Papst Benedikt XVI. angesprochenen Themen um ein vielsagendes Dokument.

In ihrem zweiten Paragraph unterscheidet die von der Versammlung vorgeschlagene Präambel zwischen dem kulturellen, dem religiösen und dem humanistischen Erbe Europas: „Schöpfend aus dem kulturellen, religiösen und humanistischen Erbe Europas ..." Im ersten Abschnitt benennt der Entwurf der Präambel die dem „Humanismus" zugrundeliegenden Werte, darunter namentlich den Respekt vor der Vernunft: „In dem Bewußtsein, daß der Kontinent Europa ein Träger der Zivilisation ist und daß seine Bewohner, die ihn seit Urzeiten in immer neuen Schüben besiedelt haben, im Laufe der Jahrhunderte die Werte entwikkelt haben, die den Humanismus begründen: Gleichheit der Menschen, Freiheit, Geltung der Vernunft".

Liest man die beiden Abschnitte zusammen, so führt dies, wie ich glaube, zu einer unvermeidlichen Schlußfolgerung: Für die Verfasser des Entwurfs ist die „Geltung der Vernunft" Teil des „humanistischen Erbes", aber nichts, das man mit Religion in Zusammenhang bringen würde – und mit Religion ist in Europa natürlich in erster Linie das Christentum oder bestenfalls die jüdisch-christliche Tradition gemeint. Der europäische Laizismus ist nicht einfach nur eine Haltung, die die Religion der Privatsphäre zuordnet, wo sie selbstverständlich im Rahmen unserer noblen und unverzichtbaren Verpflichtung zur Gewissensfreiheit geschützt sein wird. Er verbannt etwas aus dem öffentlichen Bereich, was dort nichts zu suchen hat – einem öffentlichen Bereich, der dem Respekt vor der Vernunft verpflichtet ist. Diese Verfassungsentscheidung ist eine perfekte und getreue Wiedergabe der laizistischen Strömung in der politischen Organisation Europas. Religion wird a priori als etwas definiert, das außerhalb des Geltungsbereichs der Vernunft liegt, und dann aus der Öffentlichkeit verbannt und auf die Privatsphäre beschränkt – denn schließlich glaubt jeder an irgendeinen unbegründeten und unvernünftigen Blödsinn. Benedikt XVI. will, so wie ich ihn verstehe, davon nichts wissen. Er erinnert uns daran, daß es weite Themenbereiche und Fragen zur Situation des Menschen – etwa die nach seinem Woher und Wohin – gibt, die im wissenschaftlichen Rationalismus schlichtweg nicht vorkommen, aber nicht aus dem logischen Diskurs herausgenommen werden sollten. Auf subtilere Weise scheint er zudem anzudeuten, daß, unter diesem Blickwinkel betrachtet, das Etikett „Religion" nicht jedem beliebigen Glaubenssystem das Imprimatur der Legitimität verleihen sollte; und er erhebt den energischen Anspruch, daß die katholische Tradition im Christentum der Disziplin der Vernunft in besonderer Weise verpflichtet und – das wird damit natürlich im selben Atemzug auch ausgesagt – an sie gebunden ist.

Meiner Ansicht nach verbirgt sich hinter dieser Frage noch mehr. Die demokratischen, liberalen, pluralistischen und toleranten Gesellschaften – also das, was man gemeinhin den Westen nennt –, in denen beispielsweise die Freiheit der Religion ebenso geschützt wird wie die Freiheit von der Religion, stellen eine Errungenschaft dar, die ohne Einschränkung gehütet und geschützt werden muß. Und doch ist da ein gewisser – totalistischer – Störfaktor in einer Definition des öffentlichen Bereichs, der nicht nur vom Staat geschützt und garantiert, sondern als Der Staat definiert wird. Damit ist der Staat nicht Teil des öffentlichen Bereichs, sondern er ist einzig und allein und ausschließlich der öffentliche Bereich. (Ich vermeide hier bewußt das Wort „totalitär", um das Gedenken und Entsetzen des deutschen Nationalsozialismus und des sowjetischen und chinesischen Kommunismus nicht zu trivialisieren.) Die christliche Tradition, Gott und Cäsar zu geben, ist in diesem Zusammenhang aus zwei Gründen interessant. Erstens ist sie konzeptionell gesehen kein Konkurrenzmodell zwischen Staat und Kirche. (Auch wenn es in der europäischen Geschichte Zeiten gegeben hat, in denen die Kirche zu weit gegangen ist. Doch in der jüngeren Vergangenheit gab es Zeiten, in denen der Staat – der materialistische säkulare Staat – zu weit gegangen ist, und die Resultate waren weitaus verheerender.) Und zweitens erkennt sie an, daß die menschliche Person und die menschliche Gesellschaft in einer Welt gedeihen, in der niemand ein Monopol über die Definition des öffentlichen Bereiches hat. Dies ist noch immer – ein allerdings bedrohter – Teil der europäischen und abendländischen Tradition. Wir alle, Christen und Nicht-Christen, religiöse und nichtreligiöse Menschen werden verlieren, wenn dieses charakteristische Merkmal unserer politischen Kultur aufgegeben wird.

Der Papst spricht von einer christlichen Tradition, die ein von innen her nötiges „Aufeinanderzugehen zwischen biblischem Glauben und griechischem Fragen" repräsentiert und erklärt, „daß das Christentum trotz seines Ursprungs und wichtiger Entfaltungen im Orient schließlich seine geschichtlich entscheidende Prägung in Europa gefunden hat" (S. 21). Dieses Aufeinanderzugehen und diese charakteristischen Merkmale haben ihrerseits bei der Formung der westlichen Zivilisation eine entscheidende Rolle gespielt. Anders ausgedrückt: Nicht Europa hatte einen entscheidenden Einfluß auf das Christentum, sondern das Christentum hatte einen entscheidenden Einfluß auf Europa, darauf, was es heißt, europäisch zu sein. Ich würde mit aller Vorsicht sogar andeuten wollten, daß sich in der jüngeren Vergangenheit zudem ein interessantes und produktives Aufeinanderzugehen zwischen Kirche und Christentum einerseits und wichtigen Aspekten von Aufklärung und Moderne andererseits vollzogen hat – die ja in gewisser Hinsicht das Erbe der griechischen Philosophie angetreten haben.

Deshalb löst die Feststellung, daß das Christentum im allgemeinen und die katholische Kirche im besonderen soziologisch und demographisch gesehen in den meisten westeuropäischen Ländern nicht besonders gut dasteht, Betroffenheit und Besorgnis aus. Dabei geht es nicht um die Zukunft der katholischen Kirche in der Welt als Ganzes. Sie blüht in Afrika, Asien und Lateinamerika, wie sie noch nie zuvor irgendwo geblüht hat. Doch wird sie noch dieselbe Kirche sein, wenn sie ihre Wurzeln in „Europa" tatsächlich verliert? Wenn sie diesen kontinuierlichen Dialog mit der griechischen Philosophie und ihren Erben über die Jahrhunderte und Jahrtausende hinweg verliert? Diese Frage darf den Nicht-Europäern und den Nicht-Christen nicht gleichgültig sein, denn das Christentum spielt in der westlichen Zivilisation eine zentrale und grundlegende Rolle.

Und wird Europa noch dasselbe sein, wenn es seine christlichen Wurzeln verliert? Ein Europa, dessen Kultur und politische Kultur außerhalb ebendieses dialektischen Prozesses zwischen der griechischen Philosophie (und ihren Erben in der Aufklärung und der Französischen Revolution) und seiner christlichen Tradition nicht zu verstehen sind. Auch diese Frage darf den Nicht-Europäern nicht gleichgültig sein, und zwar aus demselben Grund: weil Europa in der westlichen Zivilisation eine zentrale Rolle spielt.

New York, März 2007